PURPOSE

# 自分の価値のつくりかた

安田雅彦
We Are The People 代表取締役

フォレスト出版

# はじめに

日本の99・7％は中小企業であり、労働人口の7割が中小企業で働いていると言われています。そんな中小企業は今、時代の変化に取り残されています。時代に取り残され、どんどん元気を失いつつある。そうした状況を見て、「この人たちが元気にならなければ、日本経済に未来はない」と思ったからこそ、私は大手企業を辞めて独立し、中小企業の人事顧問をしようと決めました。

はじめまして。安田雅彦《やすだまさひこ》です。外資系企業での勤務が長かったため、まわりからはマサさんと呼ばれています。トレードマークはヒゲとスキンヘッドです。スキンヘッドにしたのは2002年くらい。当時流行していたベッカムヘア（ソフトモヒカン）をやめて、故あってスキンヘッドにしました。それはじつは大事な話になるので、後ほど説明しますね。

さて、まずは私の経歴をかんたんに紹介します。

1989年　南山大学を卒業
西友にて店舗・家電販売担当の後、人事採用・教育に異動。子会社出向後に同社を退社
2001年　グッチグループジャパン（現ケリングジャパン）にて人事部門を担当
2008年　ジョンソン・エンド・ジョンソンにて組織人事や人事制度の改定、導入
2013年　アストラゼネカにて人事ビジネスパートナー部長
2015年　ラッシュジャパンにて人事統括責任者・人事部長
2021年　株式会社 We Are The People 設立

見る人によってはすごい経歴と感じるかもしれませんが、私は特別に学歴が良いわけではなく、人事における学術的バックグラウンドもありません。外資系人事マンとしては、はっきり言って亜流です。だからＭＢＡを持っているような本当にピカピカの経歴を持つ外資系企業の人事担当者などに対して、少しコンプレックスがあります。

しかし、私は充実した日々を送っています。なぜなら「パーパス（存在意義）」を

持って生きているからです。これは自信を持って言えます。

世論調査や人材コンサルティングを手掛けるアメリカのギャラップ社の世界各国の企業を対象に実施した従業員意識調査（2022年度）によれば、日本の職場でのエンゲージ、つまり仕事や会社に満足している従業員はたったの5％であり（OECD加盟国平均は20％）、じつに95％の人が嫌々会社に行っていることになります。国民の多くが嫌々会社に行っているという状況は、日本の労働に対する価値観と労働環境の変化に原因があります。

そもそも日本では「働かざる者食うべからず」という考え方が一般的で、労働とは生きるために強いられることであり、決して楽しむものではありませんでした。「仕事は大変だからこそ、その対価としてお金をいただける」なんて話を幼少期にされて育った人も多いでしょう。

高度経済成長期では終身雇用・年功序列が基本であり、長い労働時間で長い年月働き続けていれば、昇進と昇給が約束されていたため、その考え方でも良かったのです。また、会社という集団の中では個人の意志よりも集団の利益が優先され、それが美徳とされてきました。そう思って頑張れば、いつか出世できる。いわゆる「滅私」の考え方です。

令和を生きる私たちにも「仕事は大変で、苦労するからこそお金がもらえる」という価値観は脈々と受け継がれています。ところが、その一方で、人々の我慢を支えていた終身雇用制度はなくなり、年功序列という考え方も古くなりました。長時間労働で頑張ったところで、いつリストラされるかわからない、昇給する保証もない、会社自体がなくなるかもしれない……。このような環境でやりがいを持って働こうというのは難しい話です。「滅私」することの意味がなくなりますね。

日本がこのように苦悩している中、世界には労働を苦と思わず、毎日生き生きと働いて業績を伸ばし続けている企業があります。と言うよりも、グローバルな環境で働いている一部の人たちが「明日もここで働きたい」という気持ちを持ち、楽しみながら業績を伸ばしている企業の存在に気づき始めたというのが正しいでしょう。

「労働は苦しくない」「明日もここで働きたい」「仕事に対してワクワクしてもいい」と思っている日本人はまだごく一部で、日本社会そのものは変わっていません。

だから、その真理に気づき、毎日ワクワクして仕事をしたいと願う人の多くは、その環境を求めて海外に出たり、迷うことなく転職したり、起業したりしています。

要するに、日本社会は今すぐ変わらないけれど、あなたが今の働き方に不満を抱き、それを本当に変えたいと望むなら、自分次第で環境を変化させることができるということです。そして、それはどんな逆境も乗り越え、成果を出せる、あなただけの最強の強みになります。

本書で紹介する手法を一つ一つ着実に実践していけば、「明日もここで働きたい」「この仕事と深くかかわりたい」という気持ちを持ちながら働けるようになって、自分で自分の人生をコントロールできるようになるでしょう。そして、世界中どこでも通用するあなただけの価値、その価値を生み出す源泉となる「パーパス（存在意義）のある人間」になることができるようになります。

本書には、「そんなことに意味があるの？」とか「そんなの私には難しいよ」と思うような内容もあると思います。しかし、それをすることはほかの誰でもない、あなた自身のためになります。

そもそも私自身が自分らしく幸せに生きるためにやってきたメソッドです。これをお伝えすることで、少しでもあなたが「滅私」することなくあなたらしく価値のある人生を生きる、そのサポートができたら嬉《うれ》しく思います。

# 自分の価値のつくりかた　目次

## 第3章 目標達成のための人間関係のつくりかた

## 第4章　エンゲージメント向上で「働きたい！」を呼び起こす

## 第5章　人間としてキャリアアップするための8つのコツ

## 第6章　新しい自分で成功をデザインする



装丁・本文デザイン　bookwall
図版デザイン　二神さやか
編集協力　きいてかく合同会社（巖朋江・いからしひろき）
校正　大江多加代
DTP　株式会社キャップス

# 第1章

# 自分だけの価値を見つける

## パーパス経営の時代における働き方

高度経済成長期における日本の企業経営は、良いモノをつくり、売り、良いサービスを提供することによって利益が上がり、その利益を社員に還元することでみんなハッピーになるという仕組みで成り立っていました。

企業も、つくればモノが売れていたので、つくりたいモノをつくることができました。企業は自社の利益を中心に経営理念を掲げていれば問題なかったのです。

しかし、近年、経営理念以上に**「パーパス」**が企業に求められるようになりました。モノが溢れかえった世の中ではモノは売れなくなり、一方で環境問題や社会問題が取り沙汰され、ＳＤＧｓ（持続可能な開発目標）という概念が重視されるようになりました。安くて品質の良い製品やサービスを提供することは大前提として求められつつ、それらが社会にどのような良い影響を与えているのかという社会的価値が問われ、そこに共感が得られなければモノやサービスが売れず、人材も集まらないため、企業が安定成長できないという世の中になりました。

こうした時流に合わせて「社会にどのような良い影響を与えているのか」「どんな

## パーパス（存在意義）とは？

◎何のために存在しているのか？

◎社会に対してどのような責任を持つのか？

◎社会に対してどのような変化を起こすのか？

◎社会に対してどのような価値を提供するのか？

◎何のために働いているのか？

**これらの問いの答えとなるもの＝パーパス**

## 従来の経営理念とパーパスの違い

| 従来の経営理念（小さな船） | パーパス（大きな船） |
| --- | --- |
| **未来に向けて**「こうありたい」と目指す姿や方向性は？ | **社会・ステークホルダー**にどんな良いインパクトを与えられるか？ |
| **一人称的視点＝**企業やブランドとしてどうありたいか？ | **三人称的視点＝**どんな社会をつくりたいのか？ |
|  |  |

組織のパーパスとあなた（個人）のパーパス

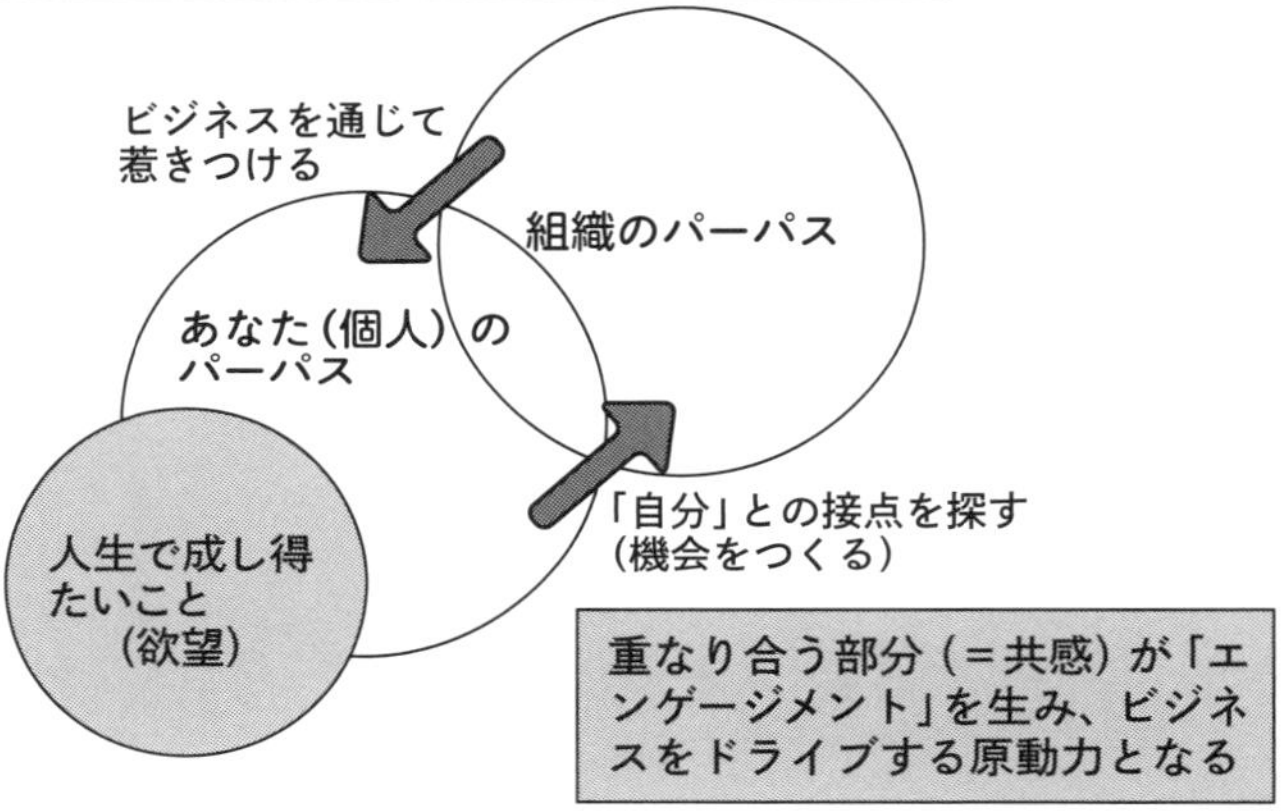


社会をつくりたいのか」という理念を中心においた経営をしている企業が増えており、その経営の仕方は**「パーパス経営」**と呼ばれています。

数字的な成長はあくまで「結果」です。自社の業績が伸びると世の中にどんな変化が起きるのか、誰にどんな価値を提供できるのか、それを「パーパス」として言語化し、忠実に経営をしていきます。

パーパス経営をする企業に勤める人は、自社のパーパスに共感し、「自分が世の中に提供したい価値」と「企業が世の中に提供したい価値に接点がある」という状況で働くのが理想とされています。

なぜなら、そこが共通していればエンゲージメント（自社に対する「愛着」や

「思い入れ」などの意味。社員の企業に対する貢献意欲や業績の向上につながるため、社員エンゲージメント向上は経営における重要課題の1つに数えられる）、すなわち「明日もここで働きたい」という気持ちが強くなり、**企業にとっても企業に属する人にとってもWin-Winの関係をつくり出すことができる**からです。それが「頑張ろう！」という理由になります。

つまり、パーパス経営が企業に求められるように、個人にもパーパスを持って働くことが求められています。具体的には、あなた自身が**「社会や世の中にどのような良い影響を与えているのか」**について考え、さらに**「今後どのような価値を世の中に与え、どんな社会をつくりたいのか」**をつねに意識して働く必要があるということです。

この考えを自分自身の中心に据えて働く人、すなわち自分のパーパスを明確にして働いている人を、私は**「パーパス人間」**と呼んでいます。本章では、パーパス人間になるための基本的な考え方についてお伝えしていきます。

## 「欲望」と「仕事」と「価値」の関係

あなたのパーパス（どのような価値を生み出し、世の中にどのような変化を与えたいか）を考えるにあたり、まずはあなたの**「欲望」「仕事」「価値」**を深く考察し、これらの相関関係を見出す必要があります。それにより自己理解が進み、あなたのパーパスがより自分に合ったものになるからです。

まず「欲望」と「仕事」の相関関係からです。この2つを結びつける理由は単純明快で、社会人になると仕事に割く時間が人生の大部分を占めるようになるからです。

厚生労働省が発表した令和5年就労条件総合調査によれば、企業に所属する労働者の1日あたりの労働時間は7時間47分で、単純計算で1日の3分の1近い時間を仕事に費やしていることになります。しかも残りの3分の2を睡眠や休息、栄養摂取など生活や生命の維持に必要な行動に当てなければならないと考えると、1日のうち能動的に動ける時間のほとんどを仕事に費やしていることになります。

平均出勤日数を20日とすれば、そうした1日が月の3分の2を占めているのが現代人の生活パターンです。そう考えると、**仕事をしている時間の中で欲望が満たされる**

あなただけのパーパスを見つける

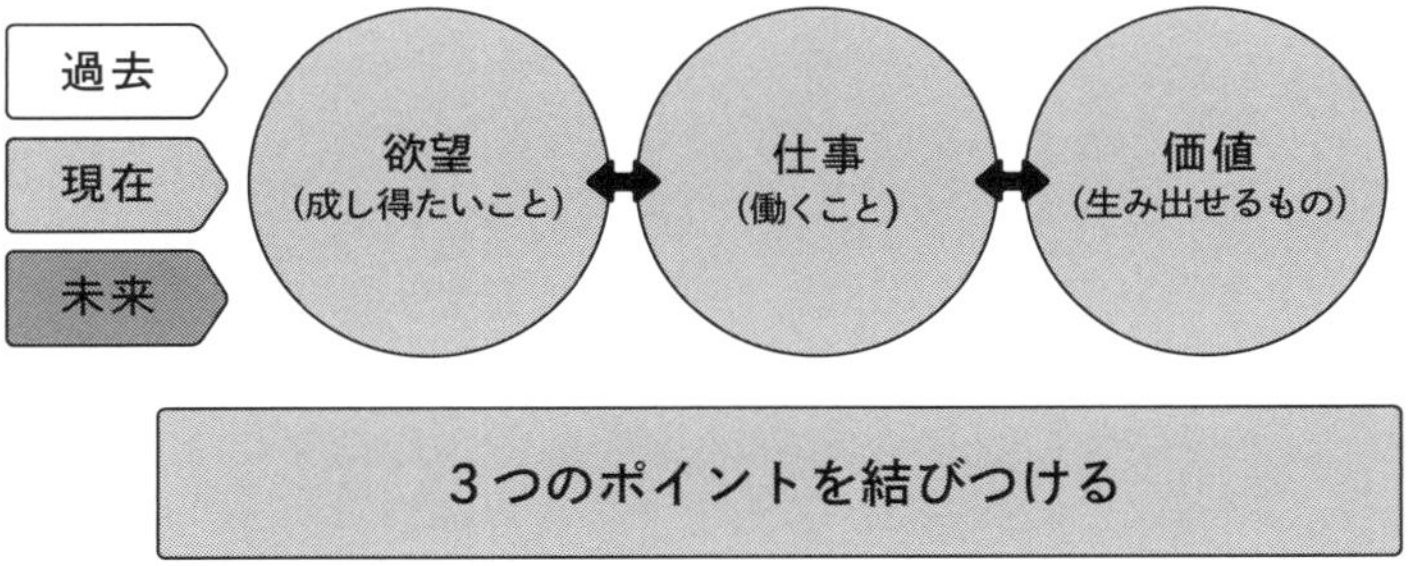


ほうが、人生全体の欲望を実現するために最も効率的で最短距離のルートだと言えます。

さらに言えば、仕事を頑張った結果として自分の欲望が満たされるのであれば、仕事に対するモチベーションが上がる、つまり仕事をすることがよろこびとなるので、精神的にも健全な状態でいられます。

そしてその欲望が「つねに成長し続ける自分でいたい」というものであるなら、仕事の内容自体も単純なルーチンワークをこなすだけではなく、日々新しい課題や業務が課される環境に身を置きたいと考えるはずです。結果的に仕事の生産性も上がるでしょう。これは、**会社にとっ**

**ても会社に属する人にとってもWin-Winの関係**です。

だからこそ、無理やりにでも欲望と仕事を結びつけてみてください。そこに接点を見つけてほしいのです。自分の欲望を満たす仕事とは何なのかを考えながら働いてみましょう。限りあるあなたの貴重な時間を有効に使ってほしいし、幸せな気持ちで生きてほしいからです。

もしあなたが、「有名になっていろんな人から声をかけられたい」という欲望を持つカフェのオーナーだとしたら、客がほとんど来ないカフェで細々とコーヒーを淹《い》れ続けても、決して満足することはないでしょう。

欲望を満たしたければ、カフェが繁盛し有名になるための努力をするか、カフェの経営という仕事をきっぱり捨てるか……という話になります。それほど欲望と仕事の結びつきは強いものです。

逆を言えば、欲望を実現するためには仕事を最大限利用するべきであり、それらの結びつきが高ければ高いほど仕事にコミットできるため、欲望を実現する可能性も高くなるということです。

# 自分の欲望とは一体何か？

「欲望」と「仕事」に、さらに「価値」を結びつける前に、あなたの欲望、すなわち本当にしたいことの探し方を考えていきます。

そもそも欲望とは何でしょうか？　広辞苑第七版（新村出／岩波書店）によれば、欲望とは「ほしがること。また、ほしいと思う心。不安を感じてこれを満たそうと望む心」とされています。

たとえば、「お金がほしい」「彼女（彼氏）がほしい」「美味しい物が食べたい」などは、いずれも何か（お金、彼女・彼氏、美味しい物）が不足していて、その状況を埋めようとしている状態です。どれも短期的に実現できそうな欲望です。そうした欲望も大事なのですが、今回考えてほしいのは長期的な欲望です。

「老後は遊んで暮らしたい」「毎日健康で幸せに過ごしたい」「日々成長し続けたい」といった人生を通した欲望です。「あの人って優秀だよねと言われる人材になりたい」とか「友人にいつも囲まれてワイワイ生きていたい」などでもOKです。今はその状態になれていないけれど、いずれはそうなりたい自分を考えられるだけ考えて、書き出してみましょう。

ここでのポイントは、**自分の欲望に忠実になること**です。「こんなこと恥ずかしくて書けないよな」とか「世間体が悪いから書かないでおこう」とか、そんなことは一切気にしなくていいので、自分の心に素直になって考えてみてください。

私の欲望を1つ紹介すると、それは「チヤホヤされたい。しかもありのまま一生懸命に生きていたらなんだかチヤホヤされる状態になっていた」です。こんな一見くだらない欲望でもいいのです。この欲望の真意については後述しますが、とにかく思うがまま書き連ねることが重要です。

欲望を書き出せたら、次に「その欲望をどのように実現したいか」を考えましょう。私には「お金がたくさんほしい」という欲望もあります。この欲望について深く考えてみます。

そもそも、お金を手に入れる方法はいくつもあります。宝くじを当てるのもそうですし、仕事でキャリアアップしながら年収を上げていくのもそうですね。極論を言えば、強盗や詐欺《さぎ》などで手に入れることもできます。

ただし、私は普通の人間なので罪を犯《おか》してまでお金を手に入れることはしたくありません。また、宝くじで得たお金で裕福になるのも何か違う気がします。それでは満足できなさそうだからです。じゃあどのようなお金なら満足できるのかと考えてみると、**仕事で良い結果・成果を出した対価として得られるお金で裕福になりたい**という結論に至ります。

## 自分をよく理解している人は欲望に忠実

ここまで考えてみると、ようやく自分自身が見えてきます。私は犯罪に手を染めることを良しとせず、当たるかどうかもわからない宝くじで得られた大金では満足できず、自分の努力と得られた評価で勝ち取ったお金に価値を感じている人間ということです。このように自分の欲望について深く考えることで、自分の価値観が明らかになります。

さらに、前述した「チヤホヤされたい」という欲望についても考えてみます。チヤホヤというのは、ここでは「歩いていたら知らない人から声をかけられる」とか「イベントの登壇依頼が殺到する」とか不特定多数の人に注目されるという状態のことと定義します。

ではなぜ、チヤホヤされたいのかと考えてみると、「みんなが2次会に行く時に1人だけ帰りたくない」とか、「会社でみんなが談笑していたら入れてほしい」といった小さな欲求や、その欲求が叶えられなかった時の不安、寂しい気持ちといったことが心に浮かび上がってきます。そう考えると、私は目立ちたがりであり、同時に寂しがりな人間だということがわかってきます。

しかも、ただチヤホヤされるのではなく「ありのまま一生懸命に生きていたらチヤホヤされていた」という状態になりたいのです。自らチヤホヤされにいくのは嫌で、自然とそうなっていたい……。

要は、ちょっとかっこつけたいということ。チヤホヤされたいと言っても、インフルエンサーになるために努力してフォロワーを増やしていくのは違うし、自ら飲み会を企画して人を誘うというのもなんだか違和感があるわけです。

ではどのようにすれば「ありのまま一生懸命に生きていたらチヤホヤされていた」状態になれるのかと言えば、「人事のプロフェッショナル」という仕事にコミットして結果を出すことで、まわりの人から必要とされる人間になるしかないということに気づくことができます。

## 欲望を実現させるなら こじつけでもかまわない

私の欲望を例に考えてみて、自分の欲望に対する解像度が少しずつ上がってきたのではないでしょうか？　では、さらに一歩進んで「欲望を仕事で満たす方法」について考えてみます。

たとえば、あなたが誰にも縛られず、自由に働きたいという欲望を持っていたとします。しかもそれを趣味であるヨガのインストラクターの活動で実現したいというビジョンも持っています。できれば、その業界でも有名になり、動画番組出演や出版もしたいという思いに至ったとしましょう。

この欲望は一見（仮にあなたが一般的な会社勤めだとして）、今のあなたの仕事で満たされることはなさそうです。それでも「風が吹けば桶《おけ》屋が儲《もう》かる」と考えるくらい強引でいいので、無理やり結びつけてみてください。

「誰にも縛られず自由に働く」ために、「ヨガインストラクターとして世の中に認知される」ために、今の仕事や環境でできることが、何かないかを真剣に考えるのです。

## 欲望に忠実になるワーク

①欲望を思いのままに書き出そう。

②その欲望をどう実現したいのか考えてみよう。

③その欲望を仕事と結びつけてみよう。

・自由に働くには独立・起業が必要だから、そのための支援がスムーズに得られるようにミーティングのプレゼンテーション能力を上げたい。積極的に営業施策の提案を行なおう。

・職場内のコミュニケーション向上の一環としてヨガサークルをつくって、同僚に無料のヨガレッスンを実施してみる。それをヨガインストラクターとしての経験にしよう。

このように、**こじつけでもいいので、欲望と仕事を関連づける方法を考えてみてください。**そしてそれを実行してみてください。すぐに結果は出なくても、「あなたが欲望を実現する未来」への架け橋になってくれるはずです。

## 自分が世の中に与えられる価値とは？

自らの欲望を知り、欲望と仕事を結びつけることができたら、次はあなたが世の中に対してどのような「価値」を与えられるかを考えてみます。

言い換えれば、あなたは今の仕事を通して、**社会に対してどのような役に立っているのか？** ということです。役に立っているかどうかわからないのであれば、**どんな影響を与えているのか？** でもかまいません。

とはいえ、いきなり社会に対してというのも漠然《ばくぜん》として捉えどころがないので、まずは目の前の人や組織に対して、仕事でどのように役に立っているのか？　影響を与えているのか？　ということから考えてみましょう。

私の今の仕事は人事コンサルタントです。主に中小企業の企業理念、組織文化、戦略人事、そして人事制度の策定や改革に携わっています。その会社の人事部長になったつもりで、社員のコーチングやエンゲージメントの向上も重視してじっくり腰を据えて向き合っています。

その結果として、「明日もここで働きたい」「ここで働けて良かった」と社員の皆さんに思ってもらえるような労働環境づくりをサポートしたいと考えています。生き生きと社員の皆さんが働けるようにすることで、その会社の離職率は下がり、結果的に会社は活性化するはずです。業績も向上するでしょう。その時に初めて、私は誰かの役に立ったと言えるわけです。当然ながら、仕事でそうした成果を上げてチヤホヤされ、お金を稼ぐことが私の欲望です。

飲食店で働いている方なら、美味しくてボリューム満点の食事を提供することで、誰かの心と空腹を満たすことに役立っていますし、いつも丁寧な接客を心がけているなら、その笑顔が誰かの心を癒《いや》すことに役立っています。**まわりと比較する相対評価ではなく、自分自身が「役に立っている」と思うことができればそれで良いのです。**

どんなに小さいことでも良いですから、あくまでもあなたの基準で書き出してみてください。すると、あなたが思っている以上に自分は人の役に立ち、価値のある仕事をしていることに気づくと思います。

## 誰しも必ず社会の役に立っている

ここまで考えることができたら、自分が目の前の人の役に立った結果、さらに世の中にどのようなポジティブな影響を与えられているかを考えてみましょう。なぜなら、働くということは、社内や所属する組織内で完結するものではなく、その先の世の中に与える価値も必ず現れてくるからです。

たとえば私の場合、人事コンサルタントとして契約する会社の役に立った結果、社員の労働意欲が向上、会社の業績も良くなることが期待できます。そして、社員の給料が上がれば、少なからず経済の循環に役に立ったことになります。さらに、業績が向上すれば、取引先が増えます。取引先が増えるということは、取引先の会社の人の役にも立っていることになります。

あくまでも想像の域を脱しませんが、**自分の仕事は社内外の人たちに対して間接的にでもポジティブに影響し、ひいては世の中全体の役に立っている**と、考えられるだけ広範囲に考えてみましょう。

再び飲食店で働いている人を例にすれば、お客さんの食欲を満たすことでその人が満足するのはもちろん、空腹で仕事に集中できないという状態を防ぎ、その結果取引先とも円滑に仕事が進んで——、という可能性もあります。

あなたの笑顔がお客さんの心を癒しているとすれば、その人のイライラした気持ちを軽減し、それが明日への活力になり、間接的に仕事へのやる気を高めている可能性もあります。

ここまで詳細に想像してみると、今自分が携わっている仕事の大切さ、影響力の大きさに気づくのではないでしょうか？　そうです。**あなたの存在はあなたが思っている以上に大きく、世の中の役に立っていて価値のあること**です。

過去のあなたの仕事に対しても、同じように考えてみてください。あなたの経歴がいかに人の役に立ち、価値のあるものであるか再確認できると思います。

## 相関関係から自分の現在地を知る

さあ、いよいよあなたの欲望と仕事、提供している価値がどのような相関関係にあるのか考えてみます。

それらの位置は近いでしょうか？　遠いでしょうか？　近ければ今のまま継続していけばあなたの欲望は実現される可能性が高いでしょう。遠い場合は、どうしたら近づけられるのか考える必要があります。

仕事と欲望の関係を無理やり近づけたのと同じように、世の中に与える価値についても強引に相関関係をつくることで、今所属する場所で働く意味があらためて見えてきます。直線で結んだらどんな位置関係になるのか図にして考えてみても良いかもしれません。

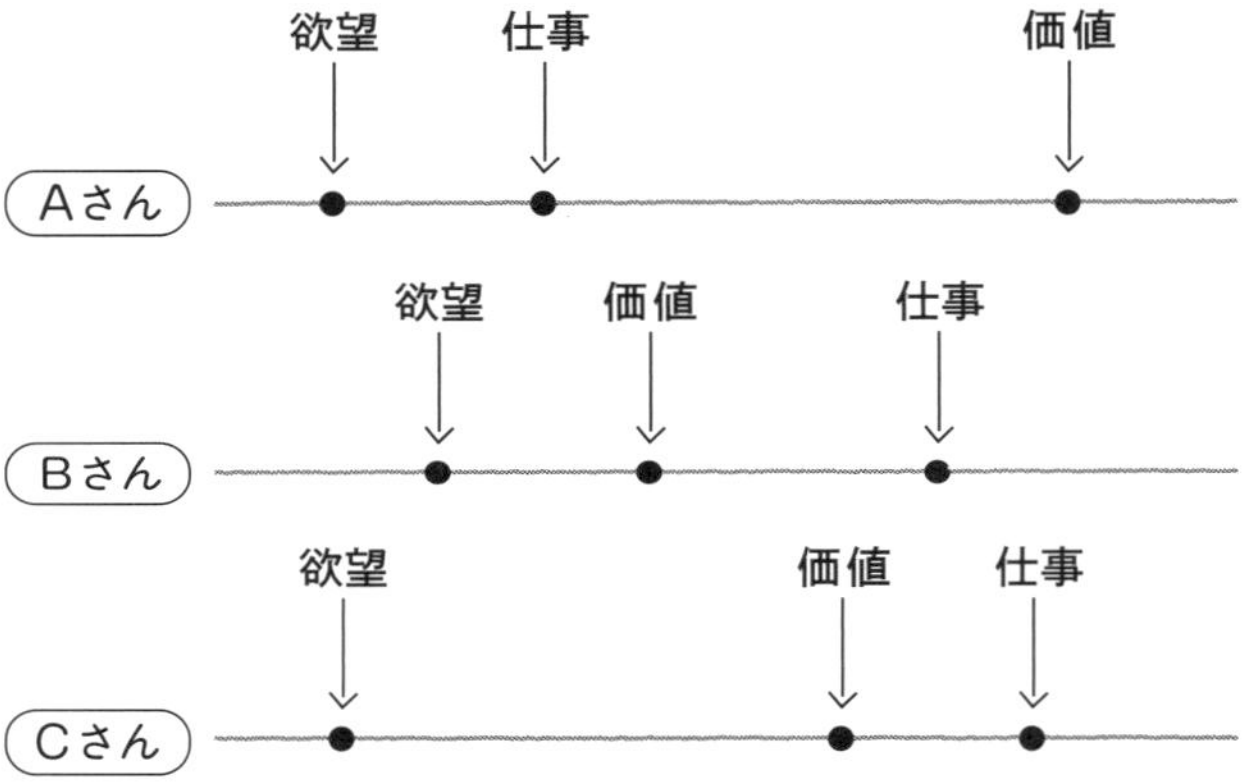


**位置関係は人それぞれ。**

大事なのは、**「欲望」「仕事」「価値」が、それぞれ相関関係にあること**です。

飲食店で働く人がお客さんの空腹を満たし、笑顔によってお客さんを癒すという価値を提供しているとしても、本当は「プロフェッショナルに囲まれながら、好きなゲームのアプリ開発に携わる仕事がしたい」という欲望を抱えていたとしたら、今の仕事に満足することは決してないでしょう。

## 社会に与えている価値を見つけるワーク

①あなたは目の前にいる人のどんな役に立っているか？

②その人の役に立つことで、社会にどんな影響を与えているか？

③その影響とあなたの欲望を実現させるためにはどうしたら良いか？

当然ながら、飲食店で働くよりもゲームアプリを開発する仕事のほうがやりがいを持って働ける可能性が高いですし、やりがいを持って意欲的に働くことで、世の中に提供できる価値も相対的に大きくなるはずです。

このように、あなたの欲望と仕事、提供している価値がどのような相関関係にあるのかを考えることは、**今の仕事を続けるべきかどうかの判断基準にもなります。**

## パーパス発見のヒントは「ガクチカ」と「シャカチカ」

欲望と仕事の関係、世の中に自分が与えている価値について考え、自己理解を深めたところで、自分の「パーパス（どのような価値を世の中に与えたいか）」について考えていきましょう。

そのために、まずは**「ガクチカ」**と**「シャカチカ」**が必要です。

「ガクチカ」とは、「学生の時に力を入れたこと」を指します。新卒の就職活動の時によく聞かれる「学生の時に力を入れたことは何ですか？」という質問に対して、

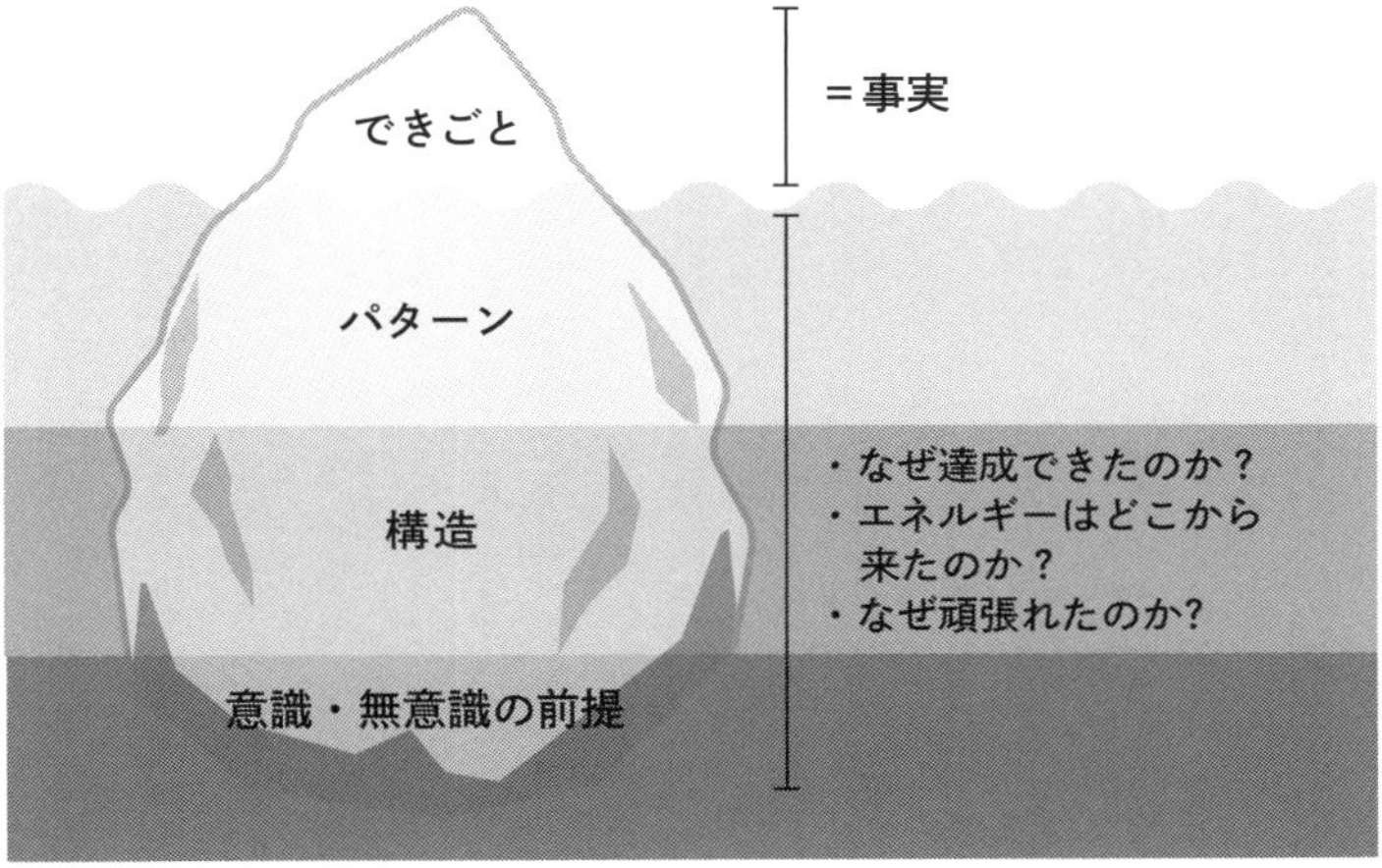


「サークルで代表を務めた」とか、「大会で全国に行った」などと答える人が多いと思います。このように、ポジティブな学生時代の経験をいくつか挙げてみてください。

すでに社会人になって数年経っている人は「社会人になってから力を入れたこと（＝シャカチカ）」を挙げてください。**昼休みも忘れて仕事に没頭した瞬間、休みの日まで仕事のことを考えていても苦ではなかった時のこと**を思い出してみましょう。おそらく、仕事で満足のいく成果を得られたエピソードが出てくるでしょう。

もし仕事においてそれほどのめり込んだ経験がないのなら、少し遠回りにはなりますが、趣味でもかまいません。

とにかく何でも良いので、のめり込んだエピソードを思い出してみてください。あなたにとっての人生におけるピークとも言える、至福の時間を考えてみてほしいのです。

ここで大切なのは、**達成した事実の大きさではなく、なぜそれが達成できたのかという理由**です。達成に至らしめたエネルギーは何か？　なぜそんなに頑張ることができたのか？　あくまでも達成した事実は氷山の一角でしかなく、水面下にはあなたの行動の動機や熱い想い、大事にしてきたものが隠れているからです。

その事実に至った根底にある想い、**どうしてそれほど突き動かされたのか、なぜそれほどエンゲージ（感情や心を惹《ひ》きつけられ、自ら積極的にかかわること）できたのかを言語化する**ことが重要です。

言語化しておけば、同じ環境さえ整えばあなたはまたエンゲージできるということになります。つまり、**あなたのやる気の再現性が明らかになる**というわけです。エンゲージできた動機や想いと、パーパスの相互関係が強ければ強いほど、この先もやりがいを感じて仕事に励むことができるでしょう。

## 至福の時間も最悪な時間も等しく思い出そう

至福の時間を思い出す一方で、「最悪な時間」を思い出すことも大切です。なぜなら、**最悪な時間を思い出すことで自分が活躍しにくい環境・状態、モチベーションが下がる原因が見つかる**からです。自分のパーパスを決めるうえで「これだけはしたくない」という感情も重要な選択基準になります。

まったくパフォーマンスが上がらなかった、やる気が出なかった、成果も悪かった、エンゲージできなかった……。そんな瞬間はいつだったでしょうか?

私の場合は、ある外資系製薬会社で働いていた期間がそうでした。その会社を私は1年8ヶ月で辞めていますが、振り返ってみればたしかにエンゲージしていたとは言えない状態でした。

その原因を考えてみると、当時その会社は新卒入職者が多く、人間関係も比較的「長期雇用」が前提に成り立っているようなところがありました。私のような中途入社者はマイノリティで、やや居心地が悪かったように感じていた記憶があります。

この経験から私は、「経過年数の長さで人間関係が成り立つ会社よりも、多様な経緯と経歴を持つ社員が努力して関係をつくっていくような組織・環境で働きたい」と思っていることが明らかになり、それが次のキャリアの選択基準となったわけです。

エンゲージできるかどうかは、乱暴に言ってしまえば好き嫌いの問題かもしれません。でも、それだけで終わらせてしまっては成長に繋がらないので、**自分の好き嫌いの本質をもう少し解析して、よりエンゲージできる環境や状況、パーパスが追求できる状態を考えていくこと**が重要です。

## 自己理解を深める2つのツール

パーパスを生み出すための自己理解を深めるために、ぜひ取り組んでほしいのが**「職務経歴書」**と**「キャリアヒストリー」**の作成です。

職務経歴書をつくるためには、自分の過去を自力で一生懸命に言語化することが必要です。そうすることで、「こんなことも、あんなこともやっていたな」「客観的に見たら、これってすごいことかも」と、自分自身をより客観視できるようになります。

せっかくなので、就職活動に役立つ職務経歴書の書き方のコツも、元人事担当者としての立場からお伝えしておきましょう。職務経歴書と言うと、事実に基づいて淡々と書く人が多いですが、特にアピールしたいポイントはエピソードを濃く書くのがおすすめです。

1年担当していた業務よりも3年担当していた業務について濃く書きがちですが、年数は関係なく、**自分が力を入れて取り組んだことを重点的に書きましょう。**

そして誤解を恐れずあえて言うと、**「ちょっと盛る」**くらいで良いのです。嘘や盛り過ぎはもちろんダメですが、私の経験で言うと「謙虚すぎる」ケースのほうが多いと感じています。**就職、転職活動における自己の過小評価は禁物です。**

やったことだけでなく、想いも少しは書いておくと職務経歴書に深みが出ます。ただし、枚数が多いとくどくて読んでいられないので、全部で3枚程度に抑えましょう。

また、書き終わった時に、あなたが採用担当者なら（またはこのポジションの上司なら）この職務経歴書で、この人間を雇いたいと思うかを自分自身に問いかけてみてください。そして、なんだかピンと来ない……と感じたのであれば、その理由を探り、作成し直すようにしましょう。

職務経歴書をつくった後は、キャリアヒストリーを作成していきます。職務経歴書には書かれないような自分の気持ちやその時に感じたこと、わかったことを細かに記載するのがキャリアヒストリーです。参考までに私の例を掲載してみます。

- **とても刺激的だったこと**
- **ショックだったこと**
- **難しかったこと**
- **嬉しかったこと**

これらを具体的に書き出すことで、自分の過去への理解が深まり、より客観的に自分自身を理解できるようになります。**「書くこと」**はとても大切です。スマホのメモ機能でも、たまたま入った喫茶店の紙ナプキンでも、何でも良いので書いて文字で表す作業をしてください。自分の目で見つめ直すだけで頭の中の考えがクリアになり、一気に自己理解が深まります。

話を戻しますが、大事なポイントは、**「過去を肯定する」「いたずらに否定しない」**

## キャリアヒストリーの例

| 年代 | キャリア | 得られたもの・わかったこと | ライフイベント |
|---|---|---|---|
| 26〜35歳 | ・西友人事部<br>・西友子会社出向（初の人事管理職）<br>・グッチ転職（初の外資系勤務） | ・人事担当としての総合的な経験<br>・外資系企業（グローバルカンパニー）と日本企業の違いを学ぶ<br>・英語でのコミュニケーション<br>・子会社清算を通じての、会社と社員の「関係」についての哲学（会社はあてにならない、会社は無くなることがある） | ・結婚し家族を持つ<br>・転職を経験する |
| 36〜45歳 | ・グッチディビジョンHR責任者<br>・J&J転職、HRBP<br>・J&J整形器具部門・統括HRBP<br>・J&J/Synthes M&A HR Japan Lead | ・初めての事業部人事（事業部長の右腕）<br>・先進的なHRの組織と施策フレーム（J&J）<br>・理念経営／戦略人事とは何か<br>・プレッシャーに打ち勝つ！<br>・組織の信頼を得るために必要な動き<br>・リストラの手順とポイント、大切なこと<br>・M&Aの実務、買収と合併（やっぱり大事なのはキャリア自立）<br>・自分の「市場価値」を知ることの重要性 | ・マイホームと莫大なローン<br>・働き過ぎロードまっしぐら<br>・義父&義母の逝去 |
| 46〜55歳 | ・Astra Zeneca転職、HRBP部長<br>・事業部制の解消と再編リード<br>・LUSH転職、人事統括責任者<br>・We Are The People起業 | ・自分のエンゲージメントの構造を実感<br>・転職におけるリスクを実感<br>・「マネジャーのマネジャー」の難しさ<br>・究極の理念経営を知る<br>・現場の「特性」が組織文化をつくる<br>・組織における「多様性」の重要性を理解<br>・「人事部長」よりも「経営メンバー」として働く<br>・これまで培ってきたことの「市場価値」<br>・組織における「信頼関係」の重要性とつくり方を認識<br>・自分の「欲望」に向き合う | ・単身赴任（無理）<br>・家族との関係をどう考えるか<br>・父の逝去<br>・ペットロスと命の大切さ<br>・娘の結婚 |
| 56歳〜未来 | ・We Are The People代表取締役 | ・組織改革の難しさ<br>・日本の企業社会の根本的問題<br>・プロフェッショナルとしての残り時間とやりたいこと<br>・自身の価値と社会へのインパクト | |

## キャリアヒストリー書き込みワーク

| 年代 | キャリア | 得られたもの・わかったこと | ライフイベント |
|---|---|---|---|
| | | | |
| | | | |
| | | | |
| | | | |

ということです。過ぎた時間を悔やんでも仕方ありません。今まで歩んできた道が自分にとって価値があると信じてすべての経歴を肯定してください。

良くも悪くも**「この時があったから、今の自分はこうなのだ」**と過去の自分と今の自分を肯定的に繋げていきます。アップルの創業者であるスティーブ・ジョブズの言葉を借りれば、まさに**「Connecting the dots」**です。

職務経歴書とキャリアヒストリーで自分の経歴と考え方を客観視し、「至福の時間」と「最悪な時間」について振り返ります。そうして得られたことやわかったことを深掘りすると、**自分は何がしたくて何がしたくないのか**ということが明らかになります。

それが、自分自身のパーパスを見つける旅の第一歩です。

# 第2章

## 目標が価値のすべてを制する

# 行動する前にまず目標設定

第1章では、自己理解を深め、欲望に忠実になり、何を人生のパーパスとするかを考えました。ここからは、パーパスを実現するための具体的な手法をお伝えしていきます。これが後に、どんな逆境も乗り越えて成果を出せる、あなただけの最強の「強み」になります。

**パーパスを実現するために一番大切なことは「目標」です。** 1年から5年くらいで何を目指すか？　どんな状態になっていたいか？　どんな風景が見たいか？　こういった中長期的な目標が望ましいです。

なぜなら、欲望やパーパスが明らかになったところで闇雲《やみくも》に行動していたのでは、その行動がパーパスの実現のために必要なことなのか判断がつかず、実現される可能性が低くなるからです。

たとえば、ダイエットをしようと思った時に、目標も立てずにとりあえず痩《や》せる！と意気込んで、運動や食事制限をがむしゃらにするとどうなるでしょうか？　急に運動量が増えたことや、栄養バランスが崩れたことで身体を壊しかねませんし、精神的ストレスを抱えて逆に太ってしまうリスクすらあるでしょう。

一方で、半年後までに10キロ減量すると決め、運動は最初の1週間は15分のランニングから始めて徐々に筋トレを増やしていき、食事は3食しっかりと摂りつつ野菜とタンパク質を多めに、ラーメンは週に一度……と具体的かつ中長期的に目標を決めて行動していけば、過度な負荷をかけることもなく、一歩一歩進んでいくことができます。

## 目標設定の3つのポイント

さらに目標設定をする前に、**成功イメージと今の自分とのギャップを知る**必要があります。成功イメージとは、目標が達成された風景、パーパスが実現したと言えるシーンのことです。その差を正確に判断できなければ、的を射た目標設定にはなりません。

ダイエットの例で引き続き考えると、ラーメンを週に4回食べてしまっている現状を自覚しているからせめて週1回に減らそうとか、電車に乗る時はいつもエレベーターを使ってしまっているから階段を使うようにするとか、野菜を食べることがほとんどないからサラダを1日1回は食べるようにしようとか、自分の状態を理解できているからこそ、的確な目標を決めることができて行動に起こせるわけです。

つまり、行動を起こす前に必要なのが目標設定であり、目標設定のためには今自分に足りないものを明らかにして、それを1つずつ潰《つぶ》していくことが大切です。

そうした前提を理解したうえでの**〈目標設定のポイント〉**は次の3つになります。

**1、今の自分に足りないものを明らかにする**
**2、ちょっと背伸びした目標を5年後から逆算してつくる**
**3、定期的に目標をチューニングする**

なぜこの3つのポイントが大事なのでしょうか？　順番に詳しく解説していきます。

## 今の自分に足りないものを明らかにする

まず1つ目のポイント、**「今の自分に足りないものを明らかにする」**です。目標達成のために今自分に足りないものを明らかにして、それを1つずつ潰していくことが必要だということは、ダイエットを例に前述しました。

そして、今自分に足りないこととは、「自分の現状」と「成功イメージとの差」だということも説明しました。つまり、**見たい風景、なりたい状態から引き算をしてその差を見つける**のです。

私の場合で言えば、「明日も働きたいと思える、成長を実感できる職場を1つでも多くつくる」がパーパスであり、その実現の証として「世界のどこでも通用する人事のプロフェッショナルになる」という大きな目標を立てました。

このパーパスを掲げたのは、新卒で入社した西友を辞めるかどうかというタイミングです。当時はまだ、国内の企業でしか働いた経験がなく、もちろん英語はできません。外国の人と積極的にコミュニケーションを取ったこともないし、人事についても中堅社員程度のキャリアでしたので、人事業務のすべてを理解していなければ、自分の実力に自信もありませんでした。

今思えば、パーパスと言うより、「こうあったらいいいな」という夢に近いものだったと思いますし、当時の私にとっては達成までにずいぶん距離があると感じましたが、まずはそこから現状を引き算してみるほかありませんでした。

当時の私の「現状」と「目標設定」を書き出してみます。

・(現状) 海外の人と働いた経験がない
↓(目標設定) 海外の人と働ける環境に身を置く
・(現状) 英語が話せない
↓(目標設定) 英語を身につける
・(現状) 海外の人とコミュニケーションが取れない
↓(目標設定) 積極的に海外の人に話しかけてみる
・(現状) 人事についてまだまだ知識が足りていない
↓(目標設定) 他社の人事を学び、自分の人事についての考えを体系化する
・(現状) 人事担当として、部下を抱えたことがない
↓(目標設定) 人事の役職者になって部下をマネジメントする経験を持つ
・(現状) 社内の根底にかかわる人事戦略や計画に携わったことがない
↓(目標設定) 人事部長になって大きな人事に携わり、その責任を持つ

## 現状と理想のギャップを明らかにするワーク

①なりたい自分（パーパス）と今の自分のギャップ（伸びしろ）を書き出そう。

②そのギャップを埋めるために必要なことは？

何者でもない今の自分の状態と、理想の自分とのギャップを認識することは精神的にもつらいことですが、ギャップを明らかにしない限り、自分自身が何をすべきかが見えてくることはありません。パーパス実現のための大きな目標を掲げれば掲げるほど、たくさんのギャップを埋める努力が必要になるわけです。

さっそく、今の自分に必要なことを書き出してみましょう。そして、今の自分と理想のギャップを埋めるために何をすべきかも、あわせて書いていきましょう。

ギャップはいくらあってもかまいません。1つずつ着実に足りないものを潰していけば良いのです。

「今の自分はこんなにできていない」と悲観するのではなく、**「こんなに自分には伸びしろがある」**と楽観するくらいの前向きな気持ちでどんどん書き出していきましょう。より多くのギャップに気づいたほうが、達成した時の満足感をたくさん味わうことができます。

## やる気の源泉を調べる

今の自分に足りないこと、そこから引き算して達成するために必要なことがわかったら、次は実際に目標を立てていきます。その際、次のページにある「私のキャリアプラン」を埋めていくとわかりやすいと思います。

自分のキャリアプランを深掘りするために、5年後・3年後・1年後のビジョン、過去に自分自身のエンゲージメントが高かった時のこと、働くうえでの自分自身の現状（満足していること、不満なことなど）、自分の強み、伸びしろがあると思うこと、キャリアプランを実行するために必要だと思うスキルや経験、そして、そのキャリアプランを実現するために6ヶ月以内に実施する具体的な行動をじっくり考えて埋めていきます。

「現状」と「伸びしろ」、「キャリアに必要なスキルや経験」についてはここまですでに考えることができているのではないでしょうか？　ぜひ書き込んでみてください。

では、そのほかの空欄をどこから埋めていこうか……と悩まれると思いますが、最上段のビジョンを埋める前に、あなたの「エンゲージメント」と「強み」について、

## 「私のキャリアプラン」書き込みワーク

| 5年後のビジョン | 3年後のビジョン | 1年後のビジョン |
|---|---|---|
| | | |

エンゲージメント

現状

| 強み | 伸びしろ | キャリアに必要なスキルや経験 |
|---|---|---|
| | | |

**アクションプラン** ※キャリア実現のために6か月以内に行動すること

| すること | 期日 |
|---|---|
| | |
| | |
| | |

もう少し詳しく考えてみましょう。そうすることで、自分自身に対する解像度が高くなり、ビジョンがより具体的で明確になります。

自分の適性や強みをしっかりと理解したうえで目標を立てると、無理なく成長を実感できる日々を過ごすことができるはずです。

エンゲージメントポイントは第1章でお伝えした「ガクチカ」「シャカチカ」で考えましたね。何かにのめり込んだ体験をもとに、なぜのめり込めたのか、なぜ夢中になれたのか、自分はどのような状況でエンゲージメントが高くなるのかを考えて言語化し、記入してください。

自分自身のエンゲージメントについてより考えを深めたい場合は、「エンゲージメントカルテ」をつくるのがおすすめです。**「どんな出来事があって」「どのくらいエンゲージして」「なぜエンゲージできたのか」**を書いていきます。

そして、完成したら身近な人に見てもらってください。人に見せなければと思うと文章を何度も推敲《すいこう》するので思考がますます整理されますし、それに対する身近な人からの客観的な意見や評価は、より自己理解が深まるのに役立ちます。

人に見せるという作業はエンゲージメントカルテに限らず、「私のキャリアプラン」

## エンゲージメントカルテの例

| それはどんな話？（＝背景） |
|---|
| 2011～2013年にＪ社で、同社史上最大のグローバルM&Aが起きた。日本においても、買収元であるＪ社の整形機器事業部と買収先であるＳ社の統合が行なわれたが、当時の同機器の市場シェアはＳ社がダントツ、Ｊ社が5位という「小が大を飲む」「買われたほうが声が大きい」という複雑な状況。<br>おまけにＪ社はこの買収と同時に、所有している自社の整形機器事業を競合に売却するという、とんでもない事態に。<br>従って、M&A完了後の新しいカンパニーづくり（組織・制度）と、事業売却のための従業員コミュニケーションを日本法人・US本社・買収先Ｓ社・売却先Ｂ社と連携しながら進めなければならなかった。 |
| **どれくらいエンゲージしてどうなった？（＝出来事と結果）** |
| 複雑で難易度の高い状況であったが、この案件を成し遂げられれば自分はＪ社で極めて重要な存在になれるであろう、また自身のキャリアにも大きな意味を持たせられるであろうと考え、私生活も含めてすべての時間とエネルギーをこの案件に注いだ。<br>毎日18時間くらい、土日も返上して働いたが、この仕事で認められたい・賞賛されたい・感謝されたい、そして間違いなくそうなると思っていた。絶対に自分にしかこの仕事はできないと信じていたため、まったく（と言ったらウソ）苦ではなかった。<br>係争を避けるために従業員コミュニケーションに最大限の注意を払った。とにかく全方位的に報連相を行なう、英語にビビらない、方針をブレさせないようにした。<br>結果的に人事・組織における問題はほとんどなく統合・売却共に計画通り完了することができた。 |
| **なぜエンゲージできた？（＝頑張れた理由や想い）** |
| 難易度は高かったが、注目度も高く、自分のキャリアに大きな意味を持たせられると思えたため。もちろん、自分でその「意味」を見つけ、そう信じ込んだ部分はある。<br>事業統合・売却は従業員コミュニケーションが鍵。従って人間関係を重視した人事を旨としていた自分にとっては「得意分野」であったと言える。<br>日頃から「全方位的」にコンタクトするスタイルであるため苦手意識はなかった。<br>また自分は上司との関係に大きな影響を受ける。上司の存在が大きくあった。<br>「会社が変わる（買収・売却）」という、自分たちの意思ではどうしようもない変化によって影響を受ける従業員に対して、この「変化」をポジティブに受け入れてもらいたい、「キャリア自律」を考えるきっかけにしてもらいたい、という想いがあった。 |

や第1章で作成したキャリアヒストリーにおいてもおすすめです。

## 強みとは利き手で字を書くようにできること

続いて、「強み」について考えていきます。強みの定義にもいろいろとあると思いますが、私は**「無理なく自然にクオリティ高くできること」**を強みだと考えています。どんな些細《ささい》なことでもOKです。「腹が立っても悲しい時でもニコニコしていられる」とか「会議資料の作成が誰よりも早い」とか、そこまで頑張らずにできていることです。

「無理なく自然にクオリティ高くできること」の基準は、**利き手で字を書くこと**を目安にしてもらえれば良いと思います。右利きの人は何の気なしに右手で自然と字を書けますよね。ところが、左利きの人からしてみると、右手で字を書くという行為はスピードが落ちて、丁寧に書こうと思ってもうまくコントロールできず、なかなか難しいものです。

ただ、右利きの人は字を書いている時に「自分が右利きだ」なんてことは意識しません。それほど無意識にできているわけです。このように、そうでない人が同じことをしようと思うと大変なのに、自分は「無理なく自然にクオリティ高くできること」が必ずあるはずで、じつはそれこそが強みです。

たとえば、意識していなかったけれど人から褒《ほ》められた経験はありませんか？　ほかの人がつらそうにやっていることなのに、あなたはまったくつらさを感じないと思ったことはありませんか？　ほかの人よりも速いスピードで仕上げられることはありませんか？　何でもかまいません。

私の場合、好奇心が旺盛《おうせい》で、ビジネスに対する理解を深めるためにどんなところにでも飛び込んでいけることが強みです。ジョンソン・エンド・ジョンソンに勤めていたころ、日本各地の営業マンに会いに行っていました。現場で働いている人のリアルな状況や話を聞くためです。

さらに、医療業界についての知識を深めるために医療機器の学会に足を運び、競合調査や最先端医療機器について学んでいました。出張が多過ぎて上司から叱られたこともありましたが、現場に出向いたり学会に参加したりして知識を身につけようとする人事担当は珍しく、営業マンたちに一目置いてもらうきっかけになりました。

また、グッチやラッシュに勤務していたころは、休みの日は店舗の様子を見に行っていました。どのくらい繁盛しているのか知りたいし、店舗の雰囲気や従業員の様子も確認しておきたいと思ったからです。

このように、現場の状況やビジネスの最先端を知りたいと考え、その努力を努力と思わない私の性格・特徴は、まさに「利き手で字を書くこと」と同じだと思います。他の人がかんたんに真似できることだとは思いません。

## キャリアが完成された人ほど「強み」迷子中

もし今考えてみてパッと思い浮かばなければ、会社の上司でも部下でも親友でも良いので「私の強みってなんだと思う?」と聞いてみてください。あらためて聞くのは恥ずかしい部分もあるかとは思いますが、自分が思っている以上に褒めてもらえると思います。

周囲の人から自分の強みを聞き出してみると、自分が思っていた強みとは違う強みが見えてきて、自分自身を好きになるきっかけにもなります。

私が周囲の人からよく言われる強みは、主張が一貫しているということと、大事なところで逃げ出さない、誤魔化さないということです。これらは行動規範として自分自身に課しています。周囲の人からもそう見えていると思うと、努力が実っている実感が湧いて、とても嬉しいものです。**理想とする強みを掲げ、その強みが身につくように立ち振る舞うことで、いつしか本当に自分自身の強みになっていく**のだと思います。

また、他者のフィードバックは、ある程度キャリアが完成された50代以上の人にも有効です。この年代の人たちは「自分はこれまで大したことをしてこなかったから強みなどない」「今さら違う会社に行っても活躍できない」と自分を卑下《ひげ》しがちだからです。それは視野の狭い自己評価です。

キャリアを一つ一つ客観的に紐解いてみると、**誰しも必ず価値のある「過去」があるもの**です。結局、自分自身に対する棚卸しが足りず気づいていないだけです。

自分の本当の強みや価値に気づくためにも、あなたの過去とキャリアを客観的に評価してくれる人の話に耳を傾けてみてください。

## 自分の強みを見つけるワーク

①思いつく限り自分の強みを書き出そう。

②その強みについて他者からフィードバックを受けよう。

## 強みを活かすのが先か
## 苦手を克服するのが先か

強みがわかったら、あなただけの強みを活かした目標を設定してみてください。あなたにとってどのような目標なら達成するのに無理がないのか、もう見えてきているはずです。

一方で、パーパスの実現のためには、強みを活かすだけでなく、苦手を克服しなければならない場合もあります。そのような「現状できないけれど克服すべきこと」は、挑戦目標として、「伸びしろ」に記載しておきましょう。

この強みを活かした目標と、苦手なことに挑戦する目標、どの目標を中心に据えるべきなのかは、人によって違います。野球のピッチャーでたとえるなら、フォーク1種類を磨きに磨いて勝負するタイプなのか、多彩な変化球を織り交ぜて勝負するタイプなのか、というくらいに違います。

**自分は1つに特化するのか、苦手を克服していろんなことができるようになるのか、どちらを選んだほうがよりパーパスに効果的かつ効率的に近づけるか、**考えてみてください。

ここで1つアドバイスするとすれば、「英語ができる」「マーケティングの知識がある」といったようなスキル知識の話は別として、**その人の特性や個性に関する強みと伸びしろは「表裏一体」である**という意識をしておきたいところです。

たとえば、「社交性が高い」ことが強みの人は、「人間関係で悩みがち」だったりします。つまり、強みは一方であなたの伸びしろだとすれば、克服するために苦戦するくらいなら強みをいかにして最大化できるかを考えたほうが手っ取り早いというわけです。

## ちょっと背伸びした目標は5年後から逆算

「私のキャリアプラン」にある「現状」と「伸びしろ」、「キャリアに必要なスキルや経験」、「エンゲージメント」「強み」を埋めたら、次はいよいよ「ビジョン」です。これが目標設定のポイントの2つ目です。

この時に重要なのは、**まずは5年後の自分のビジョン（＝目標）を定めること**です。ここでの「ビジョン」とは、前述の「成功イメージ」とほぼ同義語と考えてください。今から5年も先のことですから、かなり大きく成長している自分をイメージすることになります。そして、その姿から逆算して、3年後、1年後、6ヶ月以内というふうに、目標と行動することを考えていきます。こうなりたい自分を具体的にイメージして、1つずつ細かく目標を決めていきましょう。

そして、もう1つ重要なのは、**「ちょっと背伸びした目標を立てる」**ということです。「大して努力せずとも達成できそう」と思うような目標を立てても、あまり意味がありません。あくまでも、今の自分にとって少し難しい、背伸びをした目標を設定することが大切です。

たとえば、「5年後に今の4倍の売り上げをつくるセールスパーソンになる」としてみます。今の4倍ですから、そうかんたんなことではありません。でも、そのためにまず「3年後には3倍にする」、そして「1年後は1・5倍にする」と段階的に目標設定をしてみると、まったく実現不可能な目標ではなくなります。

さらに、6ヶ月以内に実施すべきアクションプランとして「半年で1・2倍」という目標を立ててみましょう。「それくらいできなければ！」と、むしろ奮《ふる》い立ってきませんか？

**「こうなれたら最高」という最終到達点の状態から逆算して、少しずつ目標を刻んで実現可能なレベルまでたぐり寄せます。**理想とするプロポーションの服を買っておいて、その服に合わせて少しずつシェイプアップしていくようなイメージですね。

ただ漠然と努力するよりも、理想とする目標が目の前にあったほうが、人間は頑張れるものです。

## 難しそうに見える目標は案外大したことない

私は、パーパス実現の成功イメージとして、「世界のどこでも通用する人事のプロフェッショナルになる」という大きな目標を掲げ、そのプロセスとして「5年後に英語を身につけて海外の人と仕事をする」という中長期的な目標を立てました。

しかし、いきなりそれを実現するのは難しいので、「3年後に英語を使わなくてはいけない外資系企業に身を置く」というさらなるプロセスとしての目標を設定しました。さらにその目標達成のために、「6ヶ月以内にTOEICで800点を取る」という目標を立てました。それは当時の自分にとっては、「ちょ、っ、と背伸び、」すれば届く目標だったわけです。

また、ラッシュに入る前、私は人事部長の経験がなく、部下は5名ほどしかいませんでした。それが転職して30名ほどになったのです。

レベルの高い環境に順応するのに苦労こそしましたが、「世界のどこでも通用する人事のプロフェッショナルになる」という最終的な目標から考えると、これは「ちょっと背伸び」できた環境でした。

もちろん、目標に向かう過程にはいろいろなことがあります。そんなにかんたんにはいきませんし、むしろ思い通りにいかないことのほうが多いと思います。当時の私もほぼ毎日頭を悩ませていました。

しかし、そんな時は**「今は富士山を上っている途中。こんなのはまだ1合目で、ちょっと膝を擦りむいたみたいなもの」**と、よく自分自身に言い聞かせるようにしていました。

このように俯瞰《ふかん》して見ることで、「一見険しそうに見えるけれど、山全体で見たら大した急勾配ではないじゃないか」と、自分を鼓舞《こぶ》して頑張ることができたというわけです。

## 成長のヒントやきっかけは今の仕事の中にある

なお、**目標の数は最大5つくらいあってもかまいません。** それ以上になると、やるべきことが多すぎてどれも中途半端になってしまうし、少なすぎても成長機会を逃してしまいます。

また、長期的になり過ぎても良くありません。10年も先にしてしまうと、自分の努力とは関係のない外的条件（結婚や会社の倒産など）によって環境が左右されてしまい、効果測定しづらいからです。

また、**目標はできるだけ定量的に測れるもの**にしましょう。「営業を頑張る！」とか「営業成績で上を目指す！」といった曖昧《あいまい》なものではなく、「新規案件を100件取って営業成績1位になる！」など、数字で示せるものがベストです。

もしどうしても数字で表現ができない場合、または数字で表すことが適切でないと感じる場合は、**成功のイメージを写実的に描く**ようにします。「人事のことで困ったら、『まずマサさんに相談したい』と誰もが思う存在になる」といった具合です。

そして、**できるだけ今の仕事に関連のある目標にすること**が大切です。たとえば、営業パーソンなら、その延長線上にある目標にします。もしまったく違う職種に転職したいと考えているのであれば、転職前・転職後と切り分けるのではなく、今の仕事の延長線上にその転職があると考えてみてください。

どんな仕事をするにしても、今の仕事からも学べることはたくさんあるはずです。マネジメントの方法や、人とのかかわり方などは、どんな仕事にも共通するスキルです。ですから、**成長のヒントやきっかけは、今日・明日の仕事の中にある**と意識してください。

私はよく、一見面倒な仕事でも「これで職務経歴書の『お品書き』が増えた」と考えるようにしていました。そうすれば、「こんなつまらない仕事、何の役に立つのだろう?」と不貞腐《ふてくさ》れることがなくなり、日々の仕事に対するモチベーションも格段と上がるからです。

## 他人の声に耳を傾けてみる

目標（＝5年後、3年後、1年後のビジョン）、そして6ヶ月以内の「アクションプラン」を立ててみても、本当にこの目標で目指している理想に近づけるのだろうか？と不安になることもあると思います。

自分だけで考えていると、視野が狭くなってしまうのは当たり前のことです。それを避けるために、私は研修の時に「ピア（＝同僚）カウンセリング」という手法を取ります。

研修の出席者同士で目標を話し合い、聞いた人はその目標を成功させるためのアドバイスをする、というワークです。同僚でなくても誰でも良いです。友人でもパートナーでも、身近な人でかまいませんのでぜひやってみてください。できればあなたのことを知っている人が望ましいです。

やり方はかんたんです。「私のキャリアプラン」のシートをお互いに見せて、相手の5年後、3年後、1年後の目標が達成可能かどうかチェックし合うのです。客観的に見てもらうことで、**あなたの実力とその目標が合っているかどうか**のアドバイスがもらえます。

この時に、「なるほど、言われてみればたしかにそうだ」と自己理解を深めることで、ますます自分の理想に合った目標を策定できるようになります。

ところで、こういう時に茶化したりせずに、まじめにあなたに向き合ってくれる友人やパートナーはとても大切な人です。これこそがまさに**「信頼関係」**ではないかと私は思います。

## 定期的に目標をチューニングする

いよいよ最後、3つ目のポイントです。目標は往々にして立てただけで終わりになりがちです。たとえば、会社の目標管理制度などで年度始めに社内で目標設定をしたはいいけれど、それを振り返る仕組みがないために、1年後には目標達成どころか目標を忘れている社員がほとんどというケースは結構あります。

**仕事の目標もパーパス実現に向けての目標も、つねにチェックして意識する**ようにしましょう。

なお、所属する組織の都合で大幅に業務内容が変わり、当初の目標が大きくくずれることも大いにありえます。もちろんその場合は、状況に応じて目標を変えましょう。

個人的な理由で心変わりしてもかまいません。

むしろ、「なんか違うな」と思いつつも、一度決めた目標だからと盲信して突き進むほうが危険です。社会も自分も日々変化します。本当にそれで良いのかと、つねに自問自答すべきです。

あなたがやりたいと思っていたこと自体が、成長とともに変化することだってあります。上司が代わって、部署の目標が大幅に変更になり、できると思っていたことをさせてもらえなくなることもあるわけです。

いろいろな要因によって変化しうるのですから、今の状況に合った目標になっているか、こまめに確認しましょう。**変化に遭った時、まずは「そうだ、目標はどうしよう?」と思い出すこと**が大切です。

そもそも目標をしっかりと意識して働いていれば、状況が変わるたびに違和感を覚えるはずです。「あの目標を達成できる状況ではなくなった」と察知するのです。

もちろん、状況は変化したけれど、5年後の目標は変える必要がなさそうだという場合もあります。そのため、目標に対する違和感があったら、すぐに軌道修正するのではなく、**5年後、3年後、1年後のビジョン、6ヶ月以内のアクションプランのどの部分をチューニングすべきか、冷静に考えること**も必要です。

# 自分だけの行動規範をつくる

キャリアプランを策定したら、可能であれば**「行動規範」**をつくってみることをおすすめします。自分の信念やポリシーのようなものですね。

私たちは人間ですから、つい怠《なま》けたり手を抜いたりしたくなるものです。でも、怠けてしまうと、当たり前ですが目標が達成されにくくなりますし、自分の理想に近づくことができなくなります。だから、定期的に気持ちを引き締める、やる気を鼓舞する、そういうものが必要です。

よく会社の壁に貼ってあるようなものです。若い時はあんなもの何の役に立つのかと思っていましたが、案外大事なものだということが、社会人経験を重ねるとわかってきました。

参考までに、私が41歳の時に実際につくった行動規範を紹介します。

**〈私の信条〉**

・「プロフェッショナル」として堂々と振る舞い、物おじしない

・「刀」はつねに研《と》ぎ、切れ味を落とさない
・他人より早く出社し、遅くまで働き、質でも量でも負けない
・いつでもクビになる覚悟で働き、会社と地位にしがみつかない
・英語なんかでハンデを負わない
・理解者、協力者、賛同者への礼をおろそかにしない
・何事もつねに俯瞰的に考えて本質を見逃さない
・一呼吸置いてよく考え、慌てて適当な発言をしない
・約束は必ず守り、できない約束はしない
・人前で弱音を吐かない
・つねに余裕を見せ、笑顔を忘れない
・自分の力ではどうしようもないことを悩まない
・嫌なことから取り組み、やばいことから逃げない
・どうでもいいことは3秒で決定し、振り返らない
・365日24時間、戦闘態勢を忘れず気を抜かない
・この瞬間の意味を考え、時間を無駄にしない
・屈辱《くつじょく》を忘れず、野心を絶やさない

・つねに自分から動き、待たない
・借金をしない
・家族のことを最優先に考え、大切なことを忘れない

ここに挙げた内容は、当時までなかなかできていなかったことです。だから困ったり悩んでいたのだと思います。これを、印刷してファイルに入れて、つねにカバンに入れて持ち歩いていました。そして、**ふとした瞬間に取り出して見るのです。**スマホの待ち受け画面にセットするのもいいですね。

実際に頻繁に読み返すことで、「ああ、最近この意識が抜けていたな」と再確認できます。これは、頭の中だけではできないものです。これは、自分の弱さと向き合うきっかけにもなります。

ちなみに、一つ一つは短い文章にするのがおすすめです。短くまとめようとすることで、思考が整理され、より自分の価値基準が洗練されていきます。頭にも入りやすくなります。

## 自分を卑下することは人生をあきらめること

本章では、パーパスを実現するための目標設定についてお話をしてきましたが、仮に目標通りに実行できなくても、過度に不安になる必要はありません。目標達成のために頑張り続けてきたのであれば、達成できないのには何かやむを得ない理由があるはずです。**できないことを悲観するのではなく、できない理由を解消するために前向きに考える**ようにしましょう。

自分を卑下することは、百害あって一利なしです。私は大学4年生の時、留年ギリギリでした。まわりの友達は就職が決まって悠々自適に残りの青春を過ごしていたのに、私は毎日大学に通い、単位を取るために必死でした。最終学年にもなってテスト勉強のために毎日3時間ほどしか眠れなかったのです。

でも、「この状況になってしまったものは仕方がない。自分を卑下したからといって単位が取れるわけでもない。だったら、ネガティブになるのではなくポジティブに考えよう。これを反省材料にして、社会人になったら今の倍以上頑張ろう」と開き直ることができたおかげで、自暴自棄にならずに自分を立て直すことができました。その甲斐《かい》もあって、無事に卒業することができました。

不安要素は外からもやってきます。私は新卒の22歳で西友に入社して34歳まで勤めていたのですが、33歳の時に子会社に出向しました。ところが、その子会社が清算されることになり、１００人以上もの同僚たちが突然職を失うことになったのです。私は出向だったので親会社での雇用が保障されていましたが、その人たちの転職先を探す手伝いをするなど、取り巻く環境は大きく変化しました。

昨日まで肩で風を切って社内を歩いていた役職者が、憔悴《しょうすい》しきった様子で「明日から私はどうすればいいんだ？」と相談してきた時はさすがに精神的に堪《こた》え、明日は我が身だと不安にもなりました。

自分は絶対にそうなりたくなかったですし、こんな恐怖に脅《おびや》かされるのはごめんです。そこで気持ちを引き締め、「今の会社をクビになっても、すぐに他社からオファーが来るような人になりたい。たとえ地球の裏側に行っても生きていける、強いビジネスパーソンになろう」と前向きに考えることにしました。

こうして私の最大の目標が定まり、それまで以上に危機感を抱き、日々努力するようになったのです。

出向先の役職者のように、人生には何が起こるかわかりません。自分1人ではどうしようもないことのほうが多いものです。ですから、目標を達成できなかったとしても、必要以上に悲観的になったり、自虐に逃げたりしてはいけません。

むしろその状況を受け入れて、目標をチューニングしていきましょう。**原因を突き止め、目標に少しでも近づけるよう、努力の方向性を変える**のです。せっかく抱いたやる気を失うことなく、より良い自分の未来、つまりパーパスを実現するために現実から目を背けることなくポジティブに生きていくことが大切です。

# 第3章

# 目標達成のための人間関係のつくりかた

## 望む人生を送るには人間関係を蔑ろにしないこと

ここまで、自分のパーパスを見つけ、それを実現するための目標づくりの方法についてお伝えしてきました。自己理解がどんどん深まっているのではないでしょうか？いい感じです。この調子でいきましょう。

本章では、目標を達成するために最も大切にしなくてはいけないことをお話しします。目標を達成するために最も大切なこと、それはズバリ**「人間関係」**です。**他人との「信頼関係」**と言い換えても良いかもしれません。

人間関係を良好に保つことは、あなたの仕事においても、人生においても、必ずポジティブな影響をもたらします。

当たり前ですが、人間は1人では生きていけません。また、社会人にとって多くの人とかかわりながら働くことは必然だと言えます。

もちろん、他人とのかかわりをなるべく絶って生きていくことも可能でしょう。人生はその人のものですから、私がとやかく言うことではありませんが、そのような生き方をし続ければ、少なくとも**パーパスを実現することも、定めた目標を達成することも絶対に不可能**です。

人は人と触れ合うことでこそ成長できると私は思います。だから良好な人間関係を築くことは、あなたの人生や仕事に良い影響を与えてくれます。

ちなみに、私も人と接するうえで悩むことはたくさんあります。誰にでも良い顔をしてしまう性格なので、板挟みになりやすいです。それが原因で会社に行きたくないと思ったことも何度もあります。でもうじうじ悩んだところで何も変わりません。ともすれば、ただ悩むのではなく一つ一つ対策をしてくのが賢明なのは明らかです。

では実際に、人間関係を良好に保つにはどうすれば良いのか？　私の経験や仕事で用いてきたメソッドを踏まえてお伝えしていきます。

## 人間関係は相性の良し悪しで決まらない

人と接する時に、「この人とはどうしても合わないな……」と相性の悪さを感じることは決して少なくはありません。一方で、「この人は初対面とは思えないほどフィーリングが合うな」と直感的に感じる瞬間もあると思います。

多様な価値観を持ついろいろな人とかかわりながら生きる以上、相性の良し悪しを感じることは不思議ではありませんし、むしろ当たり前のことです。

しかし、それをたんなる相性で終わらせてしまっては、あなたのパーパスの実現も、定めた目標の達成もできない可能性が高くなります。

なぜなら、**「相性が良い」「相性が悪い」という時、そこには偶然性が内包され、再現性も反省点も見出せずに終わってしまう**からです。つまり、成長しないということです。

また、組織やチームで仕事をしている以上、「合わない」と言ったところで仕方ありません。

相性の良し悪しについてもう少し掘り下げてみましょう。

「この人とは合わない」と感じている場合、多くの人が、「相手が自分の思い通りにならなかった」という自分本位の負の感情を抱いています。たとえば、「飲みに誘ったのに特に理由もなく、冷たく断られた」→「この人とは合わない」と思ったとすれば、飲みに誘ったことを断られたことで悲しい気持ちになっているのと同時に、普通は飲みに誘われたら嬉しいだろう、断るのは申し訳なく思うだろうという過信と奢《おご》りがあったと考えられます。

つまり相性が悪いという現象の正体は、「相手はこうしてくれるだろう」「こう反応してくれるだろう」という、**自分の思い通りに相手が動いてくれなかったことに対するフラストレーションが引き起こした心理的錯覚**に過ぎないのです。この錯覚が非常に馬鹿げていることは、賢明なあなたなら理解できるはずです。

## 利己的な人間同士だからこそ歩み寄る

人は皆生まれ育った環境も、考え方も、モノの捉え方も違います。だから、自分の思い通りにならなくて当たり前だし、そもそもこちらに落ち度があったから思い通りにならなかったのかもしれません。

それなのに、人間はつい自分目線で物事を考えてしまいます。だから思い通りにならなかった時、その現実を受け入れることができず、「たまたまその人とは相性が悪かった」という偶然性に逃げ込んでしまうのです。

本来は、「他人は根本的に自分自身とは異なる」という前提に立ち、**「自分から歩み寄らなければわかり合えることはない」**と謙虚に考える必要があります。そのように、自分目線から相手目線に変える努力をしなければ、良好な人間関係を構築することはできません。一方的な考えを押しつけ合っていけば、お互いを理解し合うことなど到底できないからです。

基本的に利己的な生き物である人間にとって、つねに相手目線で考えることは、並大抵のことではありません。うまくいかなくて自己嫌悪に陥るなど、精神的につらい局面も出てくるでしょう。ですが安心してください。その努力こそが、あなたのパートナーとそのための目標達成の手伝いをしてくれます。

そして、良好な人間関係を築くために必要なのが、**「自己理解」「他者理解」「他者受容」**のプロセスです。

## 「理解」と「受容」で特性を洗い出す

「自己理解」「他者理解」「他者受容」、似たような言葉ですが、これら中身はまったく異なる意味を持っています。

- **自己理解……自分を理解すること**
- **他者理解……他人を理解すること**
- **他者受容……他人を受け入れること**

意味を文字にすると単純で、それぞれかんたんだと思うかもしれませんが、意外と深くて実行するのは難しいことです。

はたして、自分やまわりの人のことを完璧に理解し、すべての人を受け入れられている人がどれくらいいるでしょうか？　そもそも受け入れるとはどういうことなのでしょうか？

まず重要なのが「自己理解」です。これは他者理解、他者受容を行なうための第一歩となるアクションです。なぜなら自己理解、つまり**自分自身について明確にわかっていなければ、その対比として他者を理解することは不可能**だからです。

基本的に認知は、比較をすることで可能となります。むしろ、比較しないことには物事の価値を判断するのは難しいと言えます。たとえば、身長170センチの人がいて、はたしてその人は身長が高いのか低いのか？　150センチの人にとっては高いと感じるでしょうし、190センチの人にとっては低いと感じるでしょう。

日本人の成人男性の平均身長と比べれば高くもなく低くもない（令和元年の国民健康・栄養調査によると20代〜40代男性の平均は171・5センチ）けれど、アメリカ人のそれと比べれば随分低いということになるはずです（一説には178センチ）。同じ170センチでも、比較対象が変わった途端に認識のされ方はずいぶん変わってしまうものです。

## 他人を理解するには まず自分を理解すること

人間関係の場合、比較するのは自分や相手、周囲の人間です。たとえば、「あの人は仕事が遅い」と言う時、果たしてそれは自分に比べて遅いのか、まわりと比べて遅いのか、それともたんなる自分の思い込みなのか……。いずれにせよ、自分も遅いくせに、相手を「遅い」と非難する資格はありません。

だからこそ、正しく他者を認識し、評価する。つまり**理解するには、まず自分はどうであるのかを正しく理解する**必要があります。

そのうえで初めて、「あの人と自分はここが違うから仕事の取り組み方も違う」とか、「私はこう考えがちだけど、あの人はそうは考えないから意見がぶつかるんだ」と他人との違いを受け入れる、すなわち他者受容が可能となります。

これができていないと、「なんであの人はああなんだ!」とフラストレーションが溜《た》まっていくことになってしまいます。

では、どうすれば自分を理解できるのでしょうか? これまでの章では、自己理解のために自分の過去や未来における欲望について考えてきました。ここからはより客観的に自分を見つめるために、自分の「特性」について掘り下げていきましょう。

## 他人との比較に役立つ「特性」の考え方

「特性」とは、その人やそのものだけが持つ性質のことで、特質とも言います。「素

**MBTI診断（16のタイプ）**

| | | | |
|---|---|---|---|
| ISTJ<br>責任感のある<br>執行者 | ISFJ<br>献身的な<br>世話役 | INFJ<br>洞察力のある<br>モチベーター | INTJ<br>ビジョンを<br>持った戦略家 |
| ISTP<br>器用な<br>実用主義者 | ISFP<br>実用的な<br>管理人 | INFP<br>触発された<br>活動家 | INTP<br>包括的な<br>分析者 |
| ESTP<br>ダイナミックな<br>異端者 | ESFP<br>熱心な<br>即興者 | ENFP<br>情熱的な<br>促進家 | ENTP<br>革新的な<br>探検家 |
| ESTJ<br>効率的な<br>推進家 | ESFJ<br>傾倒した<br>構築家 | ENFJ<br>魅力的な<br>動機づけ人 | ENTJ<br>戦略的な<br>指導者 |

材の特性を活かす」とか、「インターネットの特質を活かした即時性のある報道」といった使われ方をされます。

この特性は、比較検証する時に非常に役立ちます。たとえば、綿と麻にはさまざまな性質が内包されていると思いますが、特に優れた性質を抜き出して比較してみると、「綿は伸縮性が特性だが、麻は通気性が特性だ」といった具合に、それぞれの違いが明確になります。

同じようなことを、人間同士の比較にも当てはめてみればわかりやすいというのが私の考えです。

その人間の特性を測るのに役立つのが

**「MBTI（Myers-Briggs type indicator／マイヤーズ＝ブリッグス・タイプ指標）」**

です。

世界で広く知られる性格診断ツールの1つで、1962年にキャサリン・クック・ブリッグスと娘のイザベル・ブリッグス・マイヤーズによって開発されました。自分自身を理解し、他者との違いを知るための心理テストで、ユングの心理学をバックグラウンドとしています。

基本的には、興味関心の方向（E外向的orI内向的）、ものの見方（S感覚的orN直観的）、判断の仕方（T思考的orF感情的）、外界への接し方（J判断的orP知覚的）の4つの指標によって、性格を計16タイプに分類します。診断テストは質問の結果によって16のタイプに分類されるため、日本では16診断（16Personalities）という名前でも知られています。

## MBTI診断で見えてくる本当の自分

私はMBTIの4つの指標を噛み砕いて、次のように理解しています。

MBTI診断4つの指標

| |
|---|
| **外交的(E) or 内向的(I)**<br>興味関心の方向<br>(何があなたを動かすか？) |
| **感覚的(S) or 直感的(N)**<br>ものの見方<br>(あなたが好み信頼する情報源は？) |
| **思考的(T) or 感情的(F)**<br>判断の仕方<br>(あなたの意思決定の仕方は？) |
| **判断的(J) or 知覚的(P)**<br>外界への接し方<br>(あなたは物事にどう反応するか？) |

1、興味関心の方向→エネルギー源はどこか(何があなたを元気づけるか)？

2、ものの見方→外部の情報の受け取り方はどうか(あなたが好み、信頼しがちな情報)？

3、判断の仕方→どのように判断を下すか(あなたの意思決定の仕方)？

4、外界への接し方→どのように外部に接するか(あなたの人生への取り組み方)？

これによって、**自分では気づいていない、あるいはなんとなくしか気づいていなかった思考のくせや行動パターンが見えてくる**ので、客観的に自分を理解するのに役立ちます。

ちなみに私のＭＢＴＩは、ＥＮＦＪ（外交的・直感的・感情的・判断的）で、一覧表によれば「魅力的な動機づけ人」となり、「外交官型の主人公タイプ」とも言い表されます。外向的なことにエネルギーを向けやすく、情報は直観的に受け取りがちで、決断は感情的、しっかり自分で判断して外部と接する——。なるほどたしかにそうかもしれないと、自分でも思い当たる節があります。

さらに面白いのは、相性が合うタイプと合わないタイプがあるということです。たとえば、私のＥＮＦＪは、ＩＳＴＰ（内向的・感覚的・思考的・知覚的＝器用な実用主義者／探検家型・巨匠タイプ）とは思考や行動パターンが真逆のため、実世界でも性格が折り合わず、何もしなければわかり合えない可能性が高いと言われています。

## 他人と違って当たり前を「当たり前」にする

余談ですが、「主人公」と「巨匠」と聞くと、映画監督の黒澤明氏と俳優の勝新太郎氏を思い出します。

1979年、世界中の映画ファンを驚かせた、主役交代劇が起きました。当時、黒澤監督の新作『影武者』の撮影中に、主役の勝氏が突然降板したのです。詳細は省きますが、記者会見で黒澤監督はこう言いました。「私の映画に監督は2人いらない」。

一方の勝氏も、映画の完成後、「俺が出ていれば、もっと面白かったはずだ」と言ったそうです。2人の間に何があったのか知る由もないですが、もしかしたら巨匠タイプと主人公タイプ、相容れない水と油の関係だったのではないかと、勝手に想像しています。

そして、もしあらかじめMBTI診断を受けておけば、「この人とはタイプが合わないから仕方ないのだ」と客観的に関係性を捉え、わかり合えない前提でうまくやっていけたのではないかとも思うのです。

このように、事前に「このタイプの人は先に情報がほしいはず」とか、「この人はすぐに答えを求められると嫌なタイプ」など、その人の思考や行動パターンの理解ができていれば、少しは違いによるフラストレーションが抑えられるでしょう。

このMBTI診断は、インターネットで調べればすぐ無料診断サイトで簡易版が出てきますので、気楽にやってみてはいかがでしょうか。質問に答えるだけで結果が出ます。

ただし、ここで皆さんにお伝えしておかなければならないのは、MBTI診断の細かいタイプとその対応方法のすべてを覚えておかなければならないわけではないということです。もちろん、完全に習得できればそれはそれで価値があることだとも思います。

また、それぞれのタイプに合う・合わないがあると前述しましたが、組織やチームで働く場合には、そんなことを言っていられないケースがほとんどです。

まずシンプルに**「自分と他人は違う」と理解すること、イラつきとフラストレーションを溜める前に立ち止まり、違うアプローチを試《こころ》みる努力をして、人間関係・信頼関係をつくること**が大切です。

## 無意識の自分に気づく

「自分と他人の違い」について考える時にさらに大切にしてほしいのが、**「アンコンシャスバイアスに気づく」**ということです。アンコンシャスバイアスとは、「無意識の偏見」という意味です。

「男性なら強くあるべき」「女性ならおしとやかであるべき」「あの人は高学歴だから頭が堅い」など、その人自身を見るのではなく、性別や経歴、ステータスによって相手のことを見なしてレッテルを貼ってしまうことはないでしょうか？　そして、そのレッテルを貼っている自分に気づいていない。そんな状態を、アンコンシャスバイアスを持っていると言います。アンコンシャスバイアスを持っていると、ありのままの相手を理解しようとしないので、他者受容が難しくなります。

日常会話の中で**「常識的に考えればさ〜」「普通はさ〜」という枕詞を使ってしまった瞬間が要注意**。そこにはアンコンシャスバイアスが潜《ひそ》んでいます。

たとえば、「海外旅行に行くと知見が広がるよ！　行ったことないの？」という言葉にすらアンコンシャスバイアスが潜んでいます。どのようなアンコンシャスバイアスかわかりますか？

ここに隠れているのは「どんな人でも海外旅行に行くだけの財力や時間がある」という思い込みです。自分が行けるのだから誰でも海外旅行に行けるという前提で話をしてしまっています。

「このレベルでアンコンシャスバイアスを意識していたら、日常会話ができなくなっちゃうよ」と思う人もいるでしょう。たしかに、意識し過ぎると発言するたびに一旦考えなくてはならず、スムーズに会話ができなくなる恐れがあります。

ですから、**人に対して負の感情を抱いた時に、自分の中にアンコンシャスバイアスがないか一旦考えてみるようにしてほしいのです。**

相手にレッテルを貼っていないか、その偏見が原因で相手を傷つけていないか、一歩立ち止まって自己を顧《かえり》みることで、人間関係は少しずつ良好になっていきます。

## 自分史上最高の瞬間「ハイポイント」はあるか？

続いて、「自己理解」「他者理解」「他者受容」を疑似体験できる方法をお伝えします。それが**「ハイポイントインタビュー」**です。

ハイポイントインタビューとは、人生のハイポイント（最も自分に影響を与えたと思われる出来事）ついて、他人とペアになり、お互いにインタビューし合うというものです。他人に自分のことをインタビューしてもらうことで、その出来事をより深く掘り下げることができ、また他人の人生の出来事にも深く共感することができます。それによって、お互いの自己理解、他者理解、他者受容が深まります。

私はコンサルティング先の企業で、**組織・チーム内の信頼関係をより一層高める必要がある時にハイポイントインタビューを実施します。**特にその組織のパーパスやミッション・ビジョン・バリューを策定する時などは、プロジェクトチーム内の関係性が非常に重要になるため、必ず実施します。

## ハイポイントインタビューをマスターする

やり方はかんたんです。誰でも良いので1対1のペアを組みます。そして、相手の人生に最も影響を与えたと思われる過去の出来事（幼少期の頃も含めて）を交代で、具体的かつ丁寧に質問していきます。昔の写真を準備しておくと、記憶の糸を辿《たど》るのに有効ですし、相手への共感や親しみやすさを得やすくなるのでおすすめです。

お互いにインタビューし終わったら、パートナーから聞いた内容を相手（グループで行なっている場合は参加者全員に）に話して聞かせます。

ここがポイントです。それぞれ**「自分の人生で大切な出来事を、他人の口から聞く」**ことになりますね。基本的に自分の人生の物語を他人から語られることはありません。だからこそ、自分について客観的に見つめ直すことができる、すなわち自己理解が深まります。

また、**他人から聞いたエピソードを頭の中で整理し、相手にわかりやすく伝えることで解像度が高まります。**つまり、より深く他人を理解することができるようにもなります。相手に共感することで、相手を受容する素地が心の中ででき上がり、他者受容がしやすくなるというわけです。

ちなみに私は母と祖母の妹、自分の姉と妹と住んでいて、父はほぼ仕事で家にいないという環境で育ちました。また、今の家族構成も妻と一人娘、そしてメス犬が２匹。つまり女性中心のコミュニティでずっと生きてきました。

そのせいか私は女性といるほうが居心地が良く、誤解を恐れず言えば、女性が好きです。議論などをしていても社会的弱者になりがちな女性の立場につい立ってしまうし、女性の社会進出についても積極的に肩を持ってしまう……。

こんな話をハイポイントインタビューですると、インタビュアーは「見た目は怖そうなのに意外ですね」と驚いたり、普段の私の発言を思い出して結びつけ、「ああ、だからか」と納得したりします。以前より私のことを深く理解してくれた証拠です。

## 協力者をつくるための秘訣

実際、ハイポイントインタビューをしてみると、つき合いが長いにもかかわらず、それまで知らなかった相手の人生エピソードに驚き、共感し、好感し、そして感動する人が多く現れます。

そして、自分にはない貴重な体験をしていることに興味を引かれるものです。まさに人に歴史あり。人は皆違うんだということを、あらためて感じます。

また、幼少期や学生時代の写真を見せてもらうことで、「課長にも若い頃があったんだな」などと、急に親近感が湧いてくることも多くあります。また、あまり仲の良くないメンバー同士で行なうと、急に心の距離が縮まることもあります。

このように、**自分と他人を理解し、そのうえで他人を受け入れるということを順序立てて行なえば、良好な人間関係をつくることは決して難しいことではありません。**

「いやいや、コミュニケーションを取りたくない」「人とかかわりたくない」と言う人もいるかもしれませんが、長年人事の現場で多くの社員とかかわってきた私に言わせれば、基本的にそういう人はいません。

無愛想な振る舞いは、「本当は人とかかわりたい」という気持ちの裏返しだったり、あるいは、仲良くしたほうが良いのはわかっているけれど過去の経験から深くかかわることを恐れているなどの自己防衛反応だったりします。

その証拠に、ぶっきらぼうな人に限って、一度仲良くなるとものすごくおしゃべりになる人は多いものです。人は本来自分の話をするのが好きな生き物です。

ぜひハイポイントインタビューを実施して、相手の素顔を知ってください。そうすることが、ほかの誰でもないあなた自身のメリットになります。

そうやって**理解し合えた人は、必ずあなたのパーパスとその目標達成のお手伝いをしてくれます。**かんたんに言えば、困った時に助けてくれる、落ち込んだ時に励ましてくれる、悩んだ時に一緒に解決策を考えてくれる……。

そんな人がまわりに多ければ多いほど、生きやすいのは明白です。ぜひ、あなた自身のために、まわりの人とより良い関係をつくることにチャレンジしてみてください。

## どんなに嫌いでもNGな人はつくらない

相手を理解して良好な人間関係を築きたいとは言っても、自分がどんなに努力しても相手が自分のことを好きになってくれない場合もあるでしょうし、すべての人に好かれようと思うこと自体、心理的な負担になる人もいるでしょう。

たしかに、私自身も周囲の全員と完璧に良好な関係を築けているとは思っていません。また、誰とでも仲良くしようとすると、八方美人だと後ろ指を差す人や、そういう人間が気に入らないという人も現れるでしょう。

しかし、相手にどう思われているかは、はっきり言ってあまり気にしなくても良いのです。それよりもむしろ、**あなたがその人との関係性を「どう考えるか」**のほうが大切です。相手が自分をどう思っているかではなくて、自分が相手をどう思うか、ということ。

なぜなら、相手が自分をどう思っているかなんて、わかりようがないからです。わからないことをいちいち気にしていても意味はありません。はっきり言って無視すれば良いのです。自分の心次第です。

「あの人は自分のことを嫌いなんじゃ？」と思えば思うほど、疑心暗鬼になって、相手の一挙手一投足を歪《ゆが》んで捉えるようになります。

また、その人に対する行動にも現れてしまいかねません。「自分のことを嫌いなのでは？」と思う気持ちが、「この人、苦手だなあ」という意識に変わるのは時間の問題です。

「この人、苦手だなあ」と思う相手が多ければ多いほど、会社や職場での生活は息苦しいものになってしまいます。「あの人とは一緒に働きたくない」とか「廊下であの人が歩いてきたら進行方向を変えないといけない」とか、そういう相手が多ければ多いほど、自分自身の心や行動範囲を狭めてしまいます。

そうならないためには、**「NGな人」をつくらないこと**です。誰のことも「苦手だ」と認識せず、一緒に働くことが楽しみで、廊下ですれ違ったら明るい気持ちで挨拶《あいさつ》できる、そのような心持ちでいたほうが仕事の時間が快適になるはずです。

そのような心持ちになるにはどうすれば良いのか、もうおわかりですよね。**「自己理解」「他者理解」「他者受容」**です。

# 会社に期待せず自分に期待する

そもそも会社側は、人間関係を良好にする努力の前に、リスクヘッジをしがちです。たとえば人事異動の時に、「この2人は仲が良くないから別の部署にしよう」とか、「この人たちが集まると雰囲気が悪くなりがちだから、部署をバラバラにしよう」などという理由で人員配置を決める場合が多いのです。

いわゆる臭いものには蓋《ふた》をしようという発想で、そちらのほうが管理コストが安い、つまり手っ取り早いからです。

しかし、それを続けていると、社員の人間関係を改善するためのチャンスが失われてしまいます。**共演ＮＧの人が増えれば増えるほど、人事異動の選択肢が減り、適材適所の人員配置がしづらくなります。**

これはつまり、社員個人にとっては**活躍の場が少なくなる、成長の機会が減っていくこと**を意味しているのです。そんな馬鹿げたことはないでしょう。

会社に勤めているのであればその人事に対して一社員がとやかく言っても仕方ありませんから、まずは自分自身が社内で良好な人間関係を築く努力をしましょう。

その第一歩は、「自分と他人は違う」ということを前提に相手の立場で考え、相手を好きになることです。自分のことを好いてくれている人には負の感情を抱きにくいものです。

繰り返しになりますが、**自分自身を理解し、相手を理解し、そして受容する。相手に対して負の感情を抱かずポジティブに接する。**その努力は必ず回り回ってあなたをパーパスに近づけてくれます。

## いつもチャーミングでいる

相手にポジティブに接する方法の1つに、**「チャーミングでいる」**という方法があります。

チャーミングとは、人の心を惹きつける、魅惑的であることを言います。たんにかっこいい、美しいというよりも、虚勢を張らず、自然体で、いつもニコニコしており、ちょっとした失敗もつい笑って許してしまいたくなる――。そういう人に対しては、ついつい話しかけたくなりますよね。

その逆で、チャーミングでない人、たとえば、いつも無愛想で愚痴や不満ばかり口にして威張り散らしている、怒りっぽいといった人には、誰も話しかけたくありません。その結果、自分のことを理解してもらえることはなく、当然相手のことも理解できません。ましてや、お互いに受け入れ合うなど不可能です。良好な人間関係を築くことなど、夢のまた夢です。

つねにチャーミングでいて、**「話しかけやすい人」「つい話しかけたくなる人」**でいることは、とても重要です。

たとえば、私は人事の仕事をずっとしてきたので、会社で働く人の情報を普段からたくさん集めることが、ある意味ミッションでした。だから、「ちょっといいですか」と、いつでも話しかけてもらえるオープンな状態であったほうが、向こうから情報が入ってくるのでメリットが大きいわけです。

そして話しかけられたら、私はどんなに忙しくても、機嫌が悪くても、できる限り笑顔で対応するようにしてきました。つねにチャーミングでいるためです（本当に忙しくて丁寧に対応している余裕がない時は「14時半までに資料を出さなくてはいけないので、15時頃にもう一度来てもらえますか」と説明するようにしていました）。

今も、チャーミングでいるというポリシーは変わりません。むしろ、コンサルタントとして、時には厳しいことも言わなくてはいけないからこそ、普段はチャーミングでいることを強く意識しています。

普段から気軽に自分から「最近調子はどうですか」と声をかけ、好意的に思っているようなアピールをしておけば、いざシビアな場面になっても、「本当は気さくな人だけど、今は会社や自分のことを思って厳しく接してくれているのだ」と、好意的に解釈してくれます。もし逆だったら……、説明するまでもありませんね。

役職が上の人ほど、年齢が上の人ほど、威圧感や話しかけにくい空気を醸し出しがちです。むしろそうあるべきと思い込んでいる人もいますが、私は逆効果だと思います。

**気さくに話しかけやすい、なんでも相談に乗ってもらえる、そう思われる上司のほうが部下の信頼を得やすいですし、さまざまな情報が集まってきます。**そして、それが正しい判断に繋がり、結果的にリーダーとしての成果を生みます。

今は威圧的な態度で仕事をさせる時代ではありませんし、そういう上司には誰もついてきません。だからこそ、**役職や年齢が上がれば上がるほど、チャーミングでいること**はとても重要です。

## わかりやすい人間になる

チャーミングでいることと同じくらい、良好な人間関係を築くために重要なのが**「わかりやすい人間になる」**ということです。

わかりやすい人間とは、考えや態度に一貫性がある人のことです。人と接するうえで、行動や判断基準がその時によってブレブレで一貫性がないというのは、相手を混乱させ不安に陥れます。

たとえば、指示通りに動いたのに今日になってまったく違うことを言い始める、なんていう上司はいませんか？　言うことがコロコロ変わると、何を信じて良いのかわからないですし、また違うことを言い出すのではないかと不信感を抱いてしまいますよね。

あるいは、機嫌の良い時はなんでも「それいいね」と肯定的なのに、機嫌が悪いと「それの何が面白いの？」と否定的になる人も、もちろんまわりから人が離れていきます。

「心理的安全性」という言葉を知っているでしょうか？　心理的安全性とは、自分の意見や気持ちを安心して表現できる状態を指します。自分の意見や気持ちに対するリアクションがいつもコロコロ変わるような相手に対しては、その都度何が「ＹＥＳ」で何が「ＮＯ」なのか、何が「ＧＯ」で何が「ＮＧ」なのかをいちいち考えなければならないので、非常にストレスがかかります。自分の意見や気持ちを安心して表現することができません。

生身の人間である以上、もちろん機嫌の良い時もあれば悪い時もあります。しかし、わかりやすい人、つまり一貫性のある人間になるためには、そういった**機嫌の良し悪しを態度で示さないこと**が大事です。

それでも、知らず知らずのうちにまわりに察知されてしまうことはあります。そうした場合を想定して、**日頃から積極的に自己開示すること**をおすすめします。「私はこう考えている」「私は今こういう状況である」「私はこのように考えるくせがある」などなど、とにかく**自分自身が何を考え、どのような性格の人間なのかを、周囲に積極的に伝える**のです。

そうすれば、ネガティブな状態が相手に伝わってしまっても、「あ、この人は普段はこうではないから、何か事情があるに違いない」と理解し、安心してくれます。チャーミングでいることと同じですね。自分自身のイメージを予めまわりの人たちに刷り込ませるというわけです。

安心感を与える人のまわりに、人や情報は集まってきます。上司や部下に対しても、プライベートの友人やパートナーに対しても同じです。つねに相手に顔色をうかがわせない人間になりましょう。

## 形から仲間になる

私のトレードマークと言えばスキンヘッドですが、これもまた人間関係を良好にするために取った手段の1つです。西友からグッチに転職した翌年2002年にこの髪型にして、それがそのまま定着しました。

当時初めての転職、そして初めての外資系ということもあり、実績をつくらなければいけない、認められなくてはいけない、と気合いが入っていました。

人事という仕事柄、社員から信頼されることは最重要です。そのため、グッチにいることに違和感のない「グッチっぽい」人間を目指すことにしました。具体的にはグッチの商品を買い漁《あさ》り、それを毎日身につけていたのです。

さらにその頃、社内で比較的スキンヘッドの男性社員が多いことに気づきました。そうこうしているうちに新しい上司となったエグゼクティヴもスキンヘッドだったので、当時流行していたベッカムヘアー（当時世界的に人気だったイギリスのサッカー選手の髪型で、おしゃれなソフトモヒカンスタイル）だった私は、「もうやるしかないだろう！」と思い切ってグッチ流に合わせてスキンヘッドにしました。

「私もグッチの人間だぞ！」と、形から仲間になろうとしたのです。そのせいもあってか、転職して1年程度で「安田さんって、この会社に10年くらいいそうな雰囲気ですよね」と言われるまでになりました。作戦が見事成功したわけです。

もちろん、見た目だけ仲間になっても本当の信頼は得られません。その頃の私は毎日20時間くらい働いていました。この人はいつも働いている、だから真面目で信用できるという印象を与えたかったのです。

人事として「安田に言われたのなら仕方ない」と言ってもらえるような人間になる必要がありましたから、そのような印象を与える作戦の第一歩がスキンヘッドになることでした。

ちなみに、次の転職先であるジョンソン・エンド・ジョンソンでは、真逆の対応を取りました。

当時社内では、ポロシャツとチノパンという典型的なアメリカン・カジュアルが多く見られていたのですが、私はあえて前職のグッチのスーツで全身を固めたのです。もちろん、社内では浮いた存在になりました。でも、その違和感のために、逆に顔を覚えてもらえると思ったのです。これも、私なりのより良い人間関係を構築するための手段の1つだったわけです。

## めんどうくさい厄介そうな人から攻略する

**自分を理解し、他人を理解し、積極的に受け入れる。NGな人をつくらず、つねにチャーミングでいて不機嫌さを表に出さず、郷に入れば郷に従う。**そんなふうに努力をしても、自分にとって「めんどうくさい人」や「厄介《やっかい》そうな人」というのは、少なからず現れるものです。

転職したり、人事異動で部署が代わった場合をイメージしてみてください。そういう人と徹底的に距離を置いたらどうなるでしょうか？　自分の信頼を盤石にしてからアプローチすべきでしょうか？　いいえ、**「めんどうくさい人」「厄介そうな人」から攻略すべき**です。

なぜなら、その人との関係が障壁になってしまうと、仕事やほかの人との関係構築に支障をきたしてしまう可能性があるからです。そうした障壁はいち早く取り除く必要があります。

それだけではありません。**「めんどうくさい人」「厄介そうな人」とうまくやっている姿を見せることは、周囲からの信頼を早期に集めること**に繋がります。「あのトラブルメーカーを手懐《てなづ》けた。すごい」といった具合です。

## 自分がその人の救世主になる

では、「めんどうくさい人」や「厄介そうな人」を早々に攻略するにはどうすれば良いのでしょうか？　まずはありきたりですが、**その人の好きな話題で話しかけましょう。**事前にその人の趣味や褒められるとよろこぶことをリサーチしておきます。

私は人事担当時代、「パトロール」と称してオフィスを歩き回っていました。そんな時、ある社員のデスクに猫の写真を発見しました。なるほど、猫が好きなんだとわかった私は、次にその社員にあった時に「猫ちゃんを飼っていらっしゃるんですね。猫ってほんとに可愛いですね」などと切り出します。そうすれば、相手は聞いてもいないのに愛する飼い猫の自慢話をし始めるはずです。

あるいは、ＰＣのデスクトップ画面がバイクであれば、とりあえず週末の過ごし方について聞いてみてはどうでしょうか？「バイクでツーリングをしています」とあればこちらのもの。「あぁ、あの写真ですよね！」とリアクションしたら、あとはうんうんと頷《うなず》きながら、会話を続ければ良いのです。

好きなことを話題に出されて嫌な顔をする人はいませんし、それについて熱心に聞いてくれる人（あなたのことです）には、好感を持ってくれるはずです。

「怖そうだな」「気軽に話しかけたら怒るんじゃないか」と不安に思うかもしれませんが心配ありません。雰囲気が怖い、不機嫌そう、コワモテだという人ほど、じつは内心自信がなくて、自分を大きく見せるためにそうした態度を取りがちです。コワモテで有名な私が言うのですから間違いありません。

だから、そういう人にこそ、積極的に話しかけてみてください。怖い態度が原因であまり人が集まって来ないことを、本人自身が悩んでいるかもしれません。そんなところに親しげに話しかけてきたあなたは、大袈裟《おおげさ》に言えば救世主です。**一度打ち解ければ、今度は向こうから話しかけて来てくれるもの**です。「話せばわかる」、そんな気持ちで臆《おく》することなく、誰にでも分け隔てなく接していきましょう。

## 人間関係は俯瞰的に捉える

特定の誰かではなく、社内やグループ内の人間関係について漠然と悩むこともあると思います。私の場合には、人事という仕事柄、私と誰かの人間関係より、社内の人間関係の把握や利害調整のほうが悩みの種だったくらいです。

他人の人間関係の相談に乗ったり、解決策を講じたりしているうちに辿り着いたのが、**「ステークホルダーマップ」**をつくることです。これは、自分を取り巻く人たちを図にしたもので、ドラマや小説の登場人物の人間関係図のように、自分を取り巻く周囲の人々が自分にとってどういう関係にあり、どんな影響を及ぼしているのか、どのような関係にあるかを書き出していきます。

ステークホルダーマップ

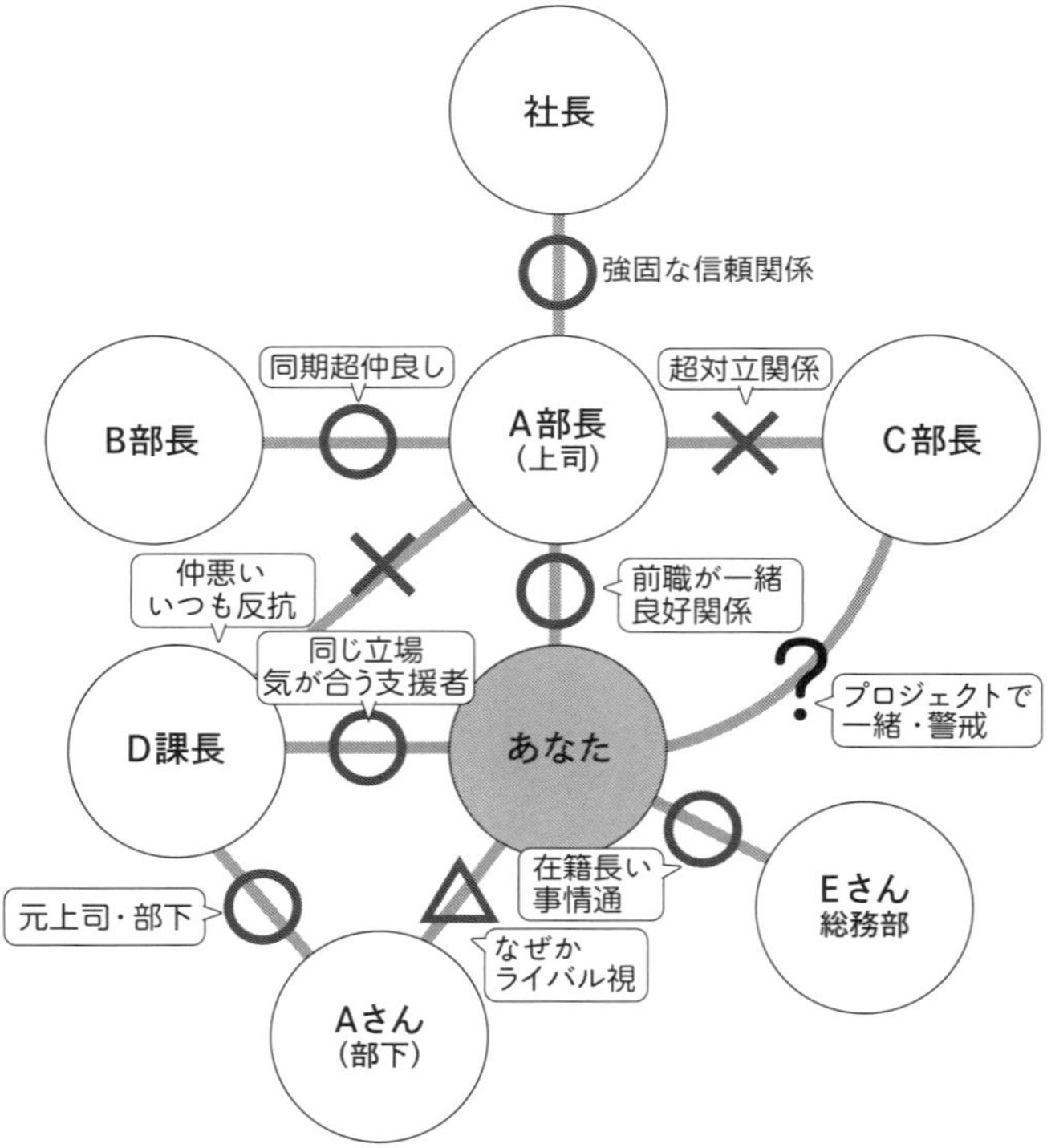

経営用語で言うところの本来のステークホルダーマップは、自社・パートナー・顧客・サプライヤーといったビジネス上の関係性を示し、お金やモノ、人的コストの流れなどを、俯瞰的に認識するためのものですが、それを自分を中心とした社内・職場の人間関係に当てはめてみるのです。

たとえば、「Eさんは会社の歴史を何でも知っている『辞書』のような人」「Bさんは上司よりも先に話を通しておくべき『裏上司』のような人」「Dさんはつねに助け合える『同士』のような存在」というようなことを、思いつく限り、知り得る限り、ありったけ書いて線で結んでいきます。

なんとなく人間関係がうまくいっていない時というのは、そうした状況に対して近視眼的になっている場合が多いものですから、**ステークホルダーマップをつくることで俯瞰的に眺めることができます。**

その結果、全員とうまくいっていないのではなく、**じつはごく一部の人たちとの関係だけがギクシャクしているだけ**といったようなことが見えてきます。それがわかったら、本章でお伝えしてきた方法で個別に人間関係を築いていけば良いということです。

また、ステークホルダーマップは、誰かと一緒につくることもおすすめです。1人でつくっていると思い込みも入ってしまいますが、誰かと話をしながらつくると、自分が知らなかった、思ってもみなかった人間関係が見えてきます。

それは、人間関係に悩み、近視眼的になっているあなたの視野をグッと広げてくれます。そのため、誰かが人間関係に悩んでいる時も同様、その人とステークホルダーマップをつくってみるときっと助けになるでしょう。

## 「あいつが嫌い」それはなぜか？

ステークホルダーマップを共同してつくっているうちに、人間関係への不満が爆発して悪口を言ってしまうこともあるかもしれません。それはそれで良いのです。

ただ、**その悪口を言いたくなる原因がどこにあるのかを徹底的に考えてみてください。**悪口を言いたくなるほどの負の感情を、そのままにせず原因を突き止め、解決することが大切です。

たとえば、きちんと働いてくれない上司に対して「大嫌いだ」という負の感情を抱いた場合、そのまま勤務を続けていてもあなたの精神衛生上、悪影響であることは明白です。

そこで、「なぜ上司は働いてくれないのか」と「なぜきちんと働かない上司に対して負の感情を抱いてしまうのか」の2つを考えてみます。

上司がきちんと働かない原因はいろいろあるでしょう。上司が家庭に大きなトラブルを抱えていて仕事に集中できない場合であれば、一過性のものとしてしばらくはフォローを続けるしかありません。もしくは、上司自身が何をすべきかわからずにうまく働けていない場合は、あなた自身が上司をうまくマネジメントすれば解決する可能性もあります（上司をマネジメントする方法については第4章で詳しく解説します）。

そして、上司が働かないことに対して負の感情を抱いてしまうあなたの気持ちの背景には、「楽をして稼ぐなんてズルい」というアンコンシャスバイアスがあるかもしれません。

このように、負の感情を放置せず、一歩深く考えることで見えてくるもの、わかることがあるはずです。その気づきによって、あなたの行動が少しずつ変化し、取り巻く人間関係も良好なものになっていきます。

## 必要な対立はあえて避けない

ここまで、自己理解・他者理解・他者受容から始まり、いかに人間関係を良好に築いて維持するかについてお伝えしてきました。しかし、現実はそんなにかんたんではありません。仕事は1人でするものではなく、そこにはいろいろな責任や立場の人がかかわっています。価値観や嗜好の違いだけでない、言わば「利益相反（あちらを立てればこちらが立たない）」による衝突も多くあります。

そんな時はどうすれば良いのでしょうか？　人間関係を悪化させないために、おかしい・困ると思うことも受け入れたほうが良いのでしょうか？　それともギスギスした雰囲気にしないように、なんとなく「玉虫色」の結論で終わらせたほうが良いのでしょうか？

これらはどれも「NO」です。**「おや？」と思ったことには必ず声を上げる。「なぜ？」と思ったことには必ずその理由を聞く。**そして、ある程度の納得が得られるまで議論してください。最終的には**納得できないことを受け入れなければならないとしても、自分の考えははっきりと述べておきましょう。**

「必要な対立」という言葉があります。この「必要な対立」を逃げたり避けたりしては、本質的な課題・問題を解決することはできません。

逆に必要な対立下での議論は、本質的な問題の解決に繋がるだけでなく、組織・職場の人間関係を強固なものにし、あなたのエンゲージメント向上に繋がります。

じつは、ある企業の人事マネジャーだったころに、私はこの「Avoid necessary conflicts（必要な対立を避ける）」というフィードバックを数名の部下・同僚から受けてかなりショックを受けたことがあります。

どうやら私は必要な対立を避け、本質に向き合うことなく「まあまあ……」とはっきりしないグレーな決着をしがちだと思われていたようです。以後、これを自分の「伸びしろ」として意識してきましたが、まさに良好な人間関係を誤解していた実例だと思います。

# 第４章

# エンゲージメント向上で「働きたい！」を呼び起こす

## エンゲージメントの構造

前章では人間関係を前向きに築くことの大切さを考えてきましたが、働くうえで人間関係と同じくらい大切になるのが**「エンゲージメント」**です。

エンゲージメントについては、第2章で「エンゲージメントカルテ」をつくったので、すでに大体は理解していると思います。一般的にエンゲージメント（engagement）には「婚約」「誓約」「約束」「契約」などの意味があり、**「深い繋がりを持った関係性」**を示す言葉とされています。

ビジネスシーンにおいては、企業と社員や顧客との関係性を表す際に用いられています。社員のエンゲージメントが高ければ高いほど、会社やブランドに対して愛着や貢献の意志を深めている状態を指し、企業・ブランドと社員の絆が強いと言えます。

しかし、これは会社から見た意味づけです。

働く側から見た時に大事なのは、「何に対してエンゲージするか」という点。**「自分はどのような時に頑張れるのか」**ということです。

言い方を変えれば、「なぜ頑張れるのか」。そのインセンティブが高ければ高いほど、

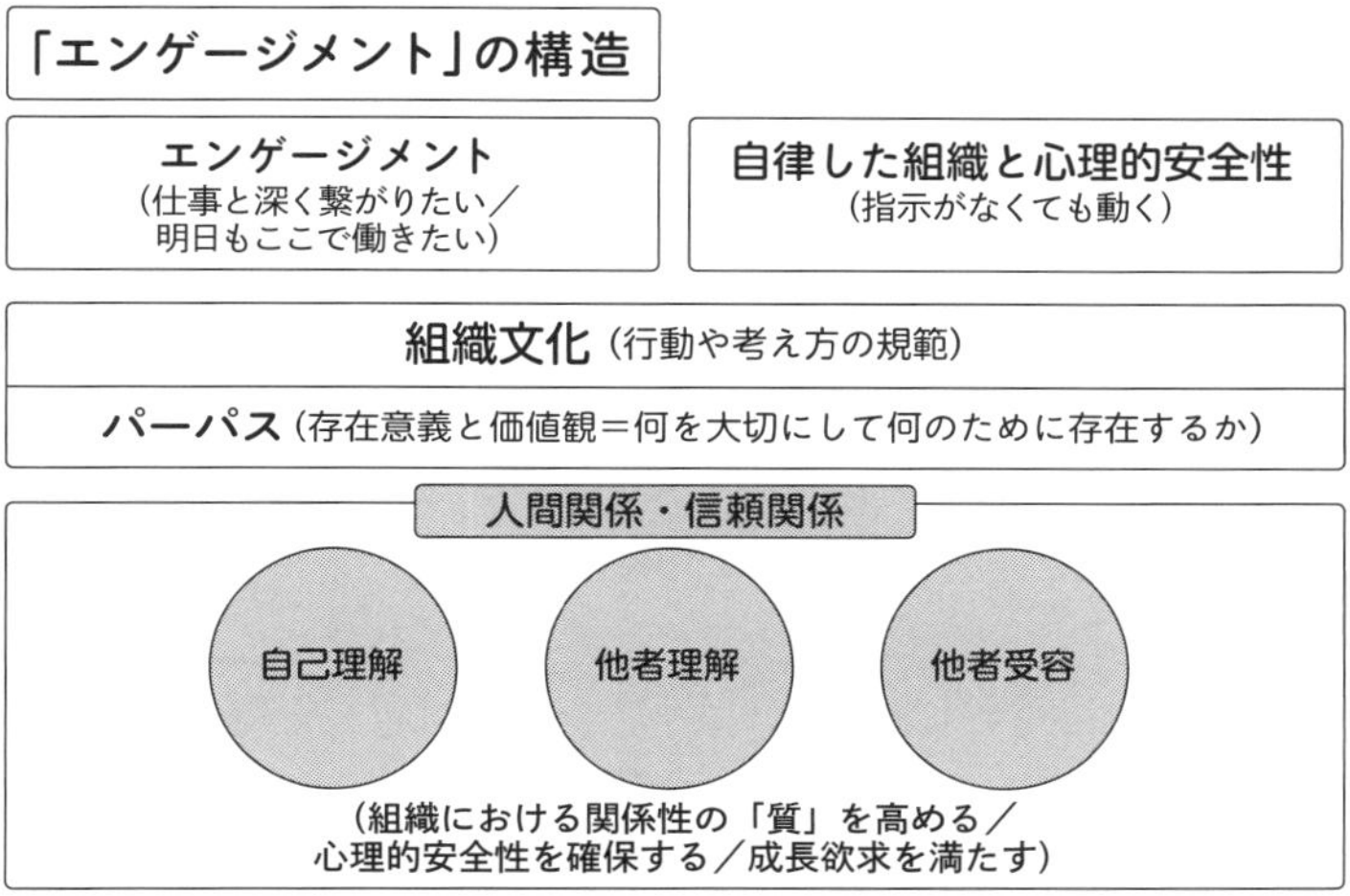


仕事が楽しく、やりがいを持って取り組めますし、結果的に「仕事と深く繋がりたい」「明日もここで働きたい」という、エンゲージメント、厳密にはワークエンゲージメントを高めることができます。

それは組織の自律を司る心理的安全性（何がOKで何がNGか）と対になるものであり、土台にはその会社の組織文化や価値観、そして経営理念やパーパスがあります。

さらに、それらをパソコンのOSのような形で支えているのが、前章で解説した人間関係です。すべて有機的に繋がっているということです。

まずは、自分の仕事に対するエンゲージメントを高めていきましょう。本章では、エンゲージメントをより高めるための具体的な方法をお伝えしていきます。

## 「仕事は楽しい」は幻想ではない

そもそも日本は、ワークエンゲージメントが世界的に見ても低いと言われています。これは仕事に深くかかわりたいと考えている人があまりいないということです。なぜそうなのか私なりに考えてみたのですが、日本では「働かざる者、食うべからず」という考え方が一般的ですよね。つまり、**労働とは生きるために強いられる義務であって、楽しむものではないという固定観念が強い**のです。

やらなくてはならないからやるのが仕事である以上、嫌なものに深くかかわりたいと思うわけがありません。それどころか「楽しんではいけない」という強迫観念すら抱かされています。実際、仕事中に笑顔を見せていると「真面目にやれ！ 仕事は遊びじゃないんだ！」と叱られた時代もかつてはありました（今もそういう職場はあるかもしれませんね）。

しかし、よく考えてみてください。本当に労働は苦痛なのでしょうか？ もちろん、責任を伴うのが仕事ですから、大変なことも、悩むこともたくさんあるんでしょう。しかし、仕事をしていて食事を摂ることも忘れるくらい夢中になった瞬間は、本当に今まで一度もありませんでしたか？　エンゲージメントカルテをつくった時に思い出したあの瞬間、あなたは苦しみながらも、たとえようのない高揚感や大きなやりがいを感じていたのではありませんか？

## エンゲージメントを高めるための6つのこと

そもそも人間は、何のために仕事をするのでしょうか？　もし、お金を稼ぐためという1点のみが目的なら、たしかに大変な仕事は我慢できません。しかし、それだけではないことは、大昔の時代から知られています。

**「人はパンのみにて生くるものにあらず」**という言葉をご存知でしょうか？　これは、人間とは物質だけではなく、精神的にも満たされることを求めて生きる存在である、ということを表す言葉で、旧約聖書に出てくるモーゼの言葉ならびにそれを引用した新約聖書のイエスの言葉が由来とされています。

そうです。働く中で何かしら楽しいことはあるはずであり、嫌々取り組んでいては人間の性質上、絶対に長続きしません。

また、仕事には人生の大半の時間と労力を費やさなければならないのですから、せっかくなら楽しく取り組んだほうが得だとは思いませんか？

そして、仕事を楽しむこと、エンゲージメントを高めることは、あなたの努力次第で必ずできます。その手助けとなる方法は、次の６つです。

**【その１】上司をマネジメントする**
**【その２】建設的な姿勢で物事に取り組む**
**【その３】自責し過ぎない**
**【その４】フィードバックをギフトと捉える**
**【その５】嫌なら辞める、いるなら従う**
**【その６】不安・悩みと向き合う**

仕事を楽しむことには一見関係のなさそうな言葉が並んでおり、これだけではよく意味がわからないかもしれません。ですので、それぞれ詳しく解説していきます。１

つずつ理解して繰り返し実践して身につけていけば、あなたのエンゲージメントはどんどん高まり、結果的にあなたのパーパス実現は段々と現実になるはずです。

## 【その1】上司をマネジメントする

あなたが会社に勤めていて、会長や社長でない限り必ず上司がいると思います。上司に課せられる仕事は基本的に部下をマネジメントすることです。一般論で言えば、マネジメントとは、「組織の成果向上のため、経営資源を効率的に活用し、リスク管理をして効果を最適化すること」です。

会社においては人も経営資源です。だから、上司は資源の1つである部下（あなた）に対して日々マネジメントを行なうわけですが、個人のエンゲージメントを高めようとする場合は、逆に部下（あなた）が上司をマネジメントすることも大切になります。

大前提として、会社という組織の中では上司を選ぶことはできないということを認識しておく必要があります。上司を選べないということは、**上司の行なうマネジメントに逆らうことができない**ということです。

上司のマネジメントは会社における指揮命令系統の中に組み込まれており、基本的にその命令（与えられた仕事内容）は絶対です。

それが嫌なら、合理的な反対理由のもとに拒否するか（「なんとなく嫌」では断れない）、今の会社を辞めるか、自分が上司になる、つまり独立・起業して自分が社長になるという選択肢しか基本的にはありません。要するに、**上司を選ぶ＝仕事内容を選ぶ自由は基本的にはない**ということです。

もし、今の上司のもとで行なう仕事に何ら不満がないのであれば、ここから数ページは軽く流してもいいかもしれません。

しかし、今の仕事内容に少しでも不満があって、特に上司のやり方が気に入らないのであれば、早急に上司をマネジメントする必要があります。つまり、個人のエンゲージメント向上のため、経営資源を効率的に活用し、リスク管理をして効果を最適化するということを、部下の立場から挑戦してみるのです。

## 上司を思い通りに動かすならまず従う

かんたんに言えば、**「上司とうまくやる」**、ただそれだけのことです。

毎日かかわらなくてはいけない上司に対して、嫌いだとか、ついていけないだとか、ネガティブな感情を抱いた状態で接していては、仕事や上司、会社に対するエンゲージメントは高まるはずがありません。毎日会社に行くのが憂鬱《ゆううつ》になるなど、時間の無駄です。

だからこそ、窮屈で嫌々仕事をさせる上司を、のびのび楽しく仕事をさせてくれる上司にマネジメントしていくのです。**上司との関係性をマネジメントする**、と言ったほうが適切かもしれません。

もちろんそうかんたんに他人の考え方や性格、言動を変えることはできません。ではどうすれば良いのでしょうか？　私が考えるに、上司をマネジメントする方法は次の3つです。

**・上司の言うことには絶対に従う**
**・上司の優先順位、困っていることにつねにアンテナを張る**
**・上司の困っていることと自分のやりたいことに接点を持たせる**

上司の言うことには絶対に従う……？　上司を思い通りにマネジメントするという目的とは真逆のように思われるかもしれませんが、ただ上司の言いなりになれという意味ではありません。「おかしい」と思っても、**一旦は「ＹＥＳ」と言い、その後に少しだけ時間を置いてから自分なりの意見を言う**のです。

なぜ、一旦「ＹＥＳ」と言わなければならないのでしょうか？　それは、上司に限らず、人間は自分の言うことを否定する相手に対しては反感や不信感を抱く生き物だからです。もちろんあなたもそうです。

たとえばパートナーに「今日の夕飯は和食でどう？」と提案した時、「そんな気分じゃないから嫌」と突っぱねられたとしたら、良い気分はしないでしょう。せめて、「和食、いいねえ。でも、今日はちょっとそういう気分じゃないから、洋食はどう？」と言われたら、気持ちが和らぎませんか？「じゃあ、おすすめの洋食屋が近くにあるから行こう」と、話が弾むかもしれません。

この方法の最も大きなメリットは、**上司に対して「共感」という意味での心理的安全性を与えることができる**ということです。

人間というのは一般的に、共感し信頼している相手の話は素直に聞くものですし、何かを頼む時も安心してお願いできます。多少無理なお願いをされた時でも、信頼する相手のためにどうにか応えてあげたいと思うものです。

具体的には、上司から何かを言われたら、明らかにおかしいと思ったとしても反論したい感情や言葉を一度飲み込み、その場では必ず「わかりました」と賛成の意を示します。

そして、少し時間を空けてから「あれから考えてみたのですが……」と、**じっくり考えた結果、さらに良い案を思いついたという体で自分の意見を伝えます。**

そうすると上司は、「この部下は自分のことを尊重し受け入れてくれる、そして意見がある場合はじっくりと考えてから伝えてくれる人だ」と信頼してくれるわけです。

上司の言うことには絶対に従う、反論があればその後でしっかり申し出るということは、上司を自分の思い通りに動かす第一歩になると言えます。

## 上司の心理的安全性をつくりだす

続いて、「上司の優先順位、困っていることにつねにアンテナを張る」について説明しましょう。

あなたは、上司の優先順位や困っていることを把握していますか？　していない人がほとんどだと思います。自分の仕事で手一杯でしょうし、上司のことを知ってどうなるんだ、と考える人もいるでしょう。

それは、「上司の言うことには絶対に従う」の理由と同様に、上司に対して心理的安全性を与えるためです。自分が悩んでいること、困っていることをいち早く察し、フォローしてくれる部下がいたらどれほど心強いでしょう。さらに先回りをして手を打ってくれていたら、これほど助かることはありません。

わかりやすく言ってしまえば、上司から気に入られますから、仕事がしやすくなります。気に入られれば、いざという時、こちらのお願いも通りやすくなります。そのためには、**上司の問題や悩み、優先順位、困っていることを積極的にあなたから知る努力をしてほしい**と思います。

一般的に、上司が抱えている問題や悩みを部下に積極的に開示することは稀《まれ》ですし、忙しければ忙しいほど自己開示に時間を割けない場合が多いものです。

また、会社においては、役職によって視座が大きく変わるため、あなたが想像できない悩みや困りごとを上司が抱えている場合もあります。あなたにとって優先順位の高いことが上司にとってはそうではないという場合もあり得ます。

では、その上司の優先順位や周辺状況を知るためには、どのようにアプローチすべきでしょうか？　一番手っ取り早いのは、**直接上司に聞いてみること**です。ただ、あなたの意図を理解して、良い具合にそれを開示してくれる上司はあまりいないかもしれません。

「そんなことより自分のことをやりなさい」と言われたり、「そう？　じゃあこれとあれをお願い！」と思わぬ仕事を押しつけられてしまうこともあるでしょう。上司から仕事を振られることは悪くないことだとは思いますが、それでもあなたの都合もあります。

そうならないために、基本的には**日々の上司を観察すること**が大切です。今、どのような課題を抱えているのか、どんな人たちと働いているのか、上司のそのまた上司からどんな仕事を与えられているのか、などです。

私はよく上司のスケジュールを気にしていました。社内で共有・公開されている上司の予定表を見ます。上司が重役であればその秘書や自分よりも近い存在にいる部下と仲良くなって、上司は最近何で忙しくしているのかをさりげなく聞き出します。**とにかく上司に関する情報を集めて、取り巻く現在環境を理解する**のです。

これだけでも良いのですが、上司と一対一で接するコミュニケーションの機会に、上司の状況に共感するコメントを発したり、それを踏まえてあなた自身も次の一手の方向性を示唆したりしてはどうでしょうか？　あまりあからさまにするといやらしさが生まれてしまいますから、「さりげなく」行ないましょう。具体的なアクションへの取り組みは次のステップで説明します。

なお、このような上司へのアプローチやアクションを「ごますり」とか「上しか見ていない」などと揶揄する人もいますが、組織の中で自分のやりたいことをやって、パーパスの実現に繋げようと思うのであれば、**これぐらいのことは当たり前、やって当然**だと私は思います。

## 上司の困りごとと自分のやりたいことを紐づける

最後にもうひと工夫です。「上司の困っていることと自分のやりたいことに接点を持たせる」ようにしましょう。

役職を経験したことがある人ならよくわかると思いますが、担当者と役職者では業務にかかわる情報量が違います。テクノロジーの進化やそれによる情報伝達・共有方法の変化により、マネジメント層による情報量のギャップはかなり緩和されてきていると思いますが、それでもまだまだその差は歴然です。

つまり、**あなたの上司はあなたとは違う「情報量の世界」で生きている**と考えてください。そう考えると、**あなたの「これが大事！」は、上司にとっては「大したことはない」になる**可能性が高いということです。

しかし、その通りだったとしても、あなたの責任感や問題意識は尊重されるべきです。そこで、**あなたが考える「やりたいこと」や「やるべきこと」と、上司の「困っていること」に共通点を見つける**ようにしてください。

つまり、あなたの提案や考えを採択すれば上司の困りごとが解決する、と思わせるのです。「たしかにそうだね」と言わせたらしめたものです。

- **上司の言うことには絶対に従う**
- **上司の優先順位、困っていることにつねにアンテナを張る**

### ・上司の困っていることと自分のやりたいことに接点を持たせる

これら一連の流れで、確実にあなたには新しい仕事が舞い降りて成長機会が増えます。上司はさらにあなたのことを重宝するようになるでしょう。

そうなれば、上司のマネジメントは成功です。最も頼りになって、最も良き理解者であるあなたの言うことを、上司が聞いてくれないわけがありません。

上司から大事にされて職場における意見や要望が通りやすくなると、周囲からも信頼され、自分の裁量がどんどん大きくなっていきます。結果的に、あなたのエンゲージメントはどんどん高まっていくわけです。**余人に代え難き人になること**が、エンゲージメントを上げるうえで大切な考えだと思っています。

## 【その2】建設的な姿勢で物事に取り組む

エンゲージメントを高めるためにすべきことの2つ目は、**「建設的な姿勢で物事に取り組む」**です。かんたんに言うと、**人に対して否定的にならない**ということです。

人の話を受け入れて、肯定的な意見を積み上げていきましょう。

たとえば、会議の場を想像してみてください。物事に対して否定的なことばかり言う人が1人でもいると、皆が萎縮し、意見が出にくくなってしまいますよね。これでは健全な議論を交わすことができません。会議の時間が無駄になってしまいます。

さらに、そのような否定的な人には、誰も近寄らなくなります。「あの人はどうせ否定してくるから話をするのをやめよう」とレッテルを貼られたら、仕事がやりにくくなるのは明白です。

もちろん、否定することすべてが悪いと言っているわけではありません。否定するのには何かしら理由があるはずです。**「必要な対立」は、議論を本質的なものにする一助となること**も少なくありません。

時には相手の意見と自分の意見が噛み合わないこともあるでしょう。そのような場合は、相手のやり方を認めて価値観を肯定しながら、自分の意見を肯定的にプラスして述べていきます。「あなたはそう思うんですね。ちなみに私はこう思います」と伝えるわけです。これは、前述した「上司の言うことには絶対に従う（反論があればその後でしっかり行なう）」ことと、基本的に構造は同じです。

建設的な意見が飛び交っているチームは、皆の心理的安全性が高くなります。皆が自信を持ち、主体的に働きやすくなった結果、一人一人の仕事へのやりがいもエンゲージメントも高くなります。

もし、否定的な意見ばかりを言ってしまう自分に気づいたとしたら、これを機に変えていきましょう。変わろうとする努力は、必ずまわりからのあなたに対する評価をポジティブに変えてくれます。

## 【その3】自責し過ぎない

エンゲージメントをさらに高めるためには**「自責し過ぎない」**ということも大切です。

自責の反対は「他責」ですね。他責とは、「自分以外の人や状況に責任があるとして、とがめること」です。他責思考の人は基本的にどんなことでも他人事にしがちです。仕事における失敗や、トラブルに対しては知らん顔。のみならず、仮にその人に原因があったとしても、他の人のせいにしたり、理由をつけて言い訳をしたりします。

自分自身を顧みることがないため、成長機会が少なくなるうえに、まわりから敬遠されがちになります。

一方、「自責」とは、「自分で自分の過《あやま》ちを責めること」です。自責思考の人は物事を自分事として捉えています。失敗をしても言い訳をせず、人のせいにすることもありません。失敗の原因は自分にあるとして反省し、行動をあらためるため成長機会が多く、まわりの人たちからも一目置かれる存在になります。

よって、私は基本的には自責で考えるべきだと思います。何事も自分事として捉えて挑戦し、まわりからの評価も上がれば会社での働きやすさもアップしますし、エンゲージメントも高まるでしょう。

ただし、**なんでも「自分のせい」と思い込むことは、かえって物事の本質を見失う原因になる**とも危惧しています。たとえば、何かトラブルが起きると、自責思考が強過ぎるゆえに「私のせいです。ごめんなさい！」ととりあえず謝ってくる人がいますが、このような「とりあえず自責」はやめたほうがいいと思います。謝ったことで満足して、トラブルの本質的な原因に気づけなくなるからです。

トラブルが起きた時に大切にすべきなのは、**なぜそのトラブルが起きてしまったのかを考えて、同じことが起きないようにすること**です。罪を憎んで人を憎まずではありませんが、トラブルが起きたら、他人も自分も責めることなく業務フローや報連相

（報告・連絡・相談）のプロセスなどを見直して、トラブルや課題の本質を分解し対処していきましょう。

そうすることで、過度に精神的プレッシャーを感じることもなく、効率的かつ確実にトラブルシューティングできるため、成長が早まります。二度と過ちを犯さなければまわりからの信頼も得られますし、結果的にエンゲージメントを高めてくれます。

## 【その4】フィードバックをギフトと捉える

さらにエンゲージメントを高めるために、フィードバックに対する考え方も明確にしておきましょう。

フィードバック（feedback）という言葉の語源は、英語の「feed（供給する）」と「back（戻す）」から成り立っています。昨今のビジネスの現場では**「期待と実態の差分を成長機会として伝える」**こととして、組織における人間関係の質向上や効果的な人材育成に不可欠な要素と考えられています。

フィードバックを受けると、自分を否定されたような気持ちになり、暗澹《あんたん》たる気持ちになる人も中にはいると思います。また、「あなたに言われたくない」とフィードバックを素直な気持ちで受け取れない人もいるでしょう。

しかし、**フィードバックに対してネガティブな感情を抱くことは、あなたのエンゲージメントを高めるうえでマイナスにしか作用しない**と断言できます。なぜなら、フィードバックというのは、**あなたの「現状」とあなたが求められている「理想像」との差分を示したもの**だからです。

「あなたならできる」と思っているから、さらに高いレベルを求めているのです。要するに、期待の表れです。

フィードバックをする側に立って考えてみましょう。フィードバックをするということは、相手のことを理解し、相手のために時間を取っているということです。つまり、どうすればあなたが成長できるかを熟慮して伝えてくれているわけなので、これは非常にありがたいことです。ポジティブに**「ギフト」**として受け取りましょう。

フィードバックをポジティブに受け取り、「現状」と「理想像」との差分を埋めることができれば、当然、現状は理想に近づいていきます。

フィードバックはあなたが成長するための福音《ふくいん》であり、成長実感の源泉です。その指針に倣《なら》って努力していけば、あなたの評価が高くなることは間違いありません。

## EECを意識してフィードバックを受けてみる

ここで、あなたの成長を加速させる上手なフィードバックの受け方を伝授します。それは**「EEC」**です。**「起こした事象（example）」**、**「何が起きて（effect）」**、それを受けて**「次回はどのようにすべきか（change）」**という3つの要素の頭文字をまとめた言葉です。これは本来、「フィードバックをする側（上司にあたる人）」に向けたアドバイスですが、「フィードバックを受ける側」にとっても役立つ知識です。

この3点にフォーカスしてフィードバックを受けるようにすると、どの点に問題があり、次にどうすべきかが理解しやすくなるので、自分の改善点が明確になります。もしどれか1つでも抜けていたら迷わず質問してみましょう。

たとえば、「先日のプレゼンの資料、わかりにくかったよ」と上司から言われた場合、「先日のプレゼンの資料がわかりにくかった」というのは起きたことなので「何が起きて（effect）」の部分であることがわかります。

しかし、このフィードバックだけだと、「なぜ資料がわかりにくかったのか（example）」と、「次回からどうすべきなのか（change）」が足りません。そこで上司に、「資料がわかりにくかった原因は何でしょうか？」「次回からは事前にチェックしてもらったほうがいいでしょうか？」という質問が必要になります。

そもそも、フィードバックを受ける機会がほとんどないと言う人もいるかもしれません。組織によっては、年に一度くらいしか上司と部下がきちんと話し合う機会がないこともありますし、個人で仕事をしている人はフィードバックをしてくれる上司そのものがいません。もしそのような状況にあるとしたら、あなたにできることは**「自分でフィードバックを求めにいく」**ということです。

会社の廊下やカフェテラス、喫煙者であれば喫煙所で声をかけるのも最初の手段としては有効です。立ち話程度でも有効なフィードバックが得られるかもしれません。もっとじっくりフィードバックを受けたければ、話をする時間をぜひ取ってもらいましょう。できれば定期的にそうした時間を取ってもらえることがベターです。

アドバイスを求められて嫌な顔をする人はいませんし、フィードバックの回数が多ければ多いほど、あなたの成長機会は増えます。実際のギフトだって、もらう回数が多いほどうれしいですよね。

## 【その5】嫌なら辞める、いるなら従う

あなたは今働いている会社に不満はありますか？　あるとしたら、具体的にはどのような不満でしょうか？　一般的に多いとされているのは、「給料が安い・働きに見合わない」「経営ビジョンが見えない・方向性に共感できない」「上司との関係性が悪い」「成長の実感がわかない」など、ほかにも例を挙げればキリがありません。会社員ではなくても、働く者にとって職場は不満のるつぼだと言えます。

私が独立、起業してコンサルティング業を始めて以来、一般的にはとても恵まれた環境（俗に言う「一流企業」）に勤務するエリートと呼ばれる人たちにコンサルティングをしたり、キャリアの相談を受けたりすることがよくあります。

そんな恵まれているように見える人たちの口からも、しょっちゅう「経営層が……」「上司が……」と愚痴《ぐち》がこぼれ出てきます。ああ、不平不満は身分や立場に関係なくあるものなんだなあと思うと同時に、**「じゃあ辞めたら？」**と思います。いや、

思うだけでなく、実際そう伝えています。

不満を抱きながらダラダラ働き続けることは精神衛生上良くないだけでなく、エンゲージメントも高まりません。パフォーマンスや成果はそこそこだったとしても、それがあなたにとって「価値ある仕事」と言えるでしょうか？　嫌なら、それを改善するための努力をすべきですし、できない、あるいはしようと思わないのなら、すぱっとその環境から抜け出して、新しい環境で心機一転頑張るほうが生産的です。

そもそも会社の悪口を言っているにもかかわらず、それでもなかなか辞めない人は、どのような心理状態なのでしょうか？

仕事にやりがいを感じ、与えられた責任にエンゲージしていた私でも「この会社は人事部を軽視している！」などと、会社への文句を口走ったことは何度もあります。ただ、あくまでこれは「ある事象」に対しての一瞬の感情です。要は程度の問題であり、恒常的であるかどうかです。

会社に対して不満を抱えているけれど、転職できるかどうか自信がない、仕事は面白くないけど、ここを辞めても同じ条件の転職先はおそらくない——。

こんなふうに思っているのでしょう。しかし、これは「自分は実力以上の給料を会社からもらっている」と自分で認めているようなものです。

また、「この会社の方向性は間違っている！」「経営陣の理解がない！」と異論を唱える（ただ唱えるだけ）ことで、自身を正当化しているようなケースもたまに見られますが、それは「絶対クビにならない」という安全地帯からただ石を投げているだけに過ぎません。それどころか、組織の一員としてそこにいる以上は、あなたもその「間違った方向性」の片棒を担いでいます。

会社は嫌いだけど、仲間が好き、お客様が好き、だからそこに居続けるという人もいます。しかし、それこそ会社に依存している証拠であり、会社に人生・運命を握られていると言っても過言はないでしょう。

極論、前述したように「じゃあ辞めたら？」というのが結論なのですが、ここでの本質はそれよりもむしろ、**「今の職場にも仕事にも価値がある」と気づくこと**であり、辞めないのであれば、それを見つけて共感する努力をしてみることが大切です。

努力をしないまま、不満顔でそこに居続けるのは、それこそ本当に時間の無駄だと思います。

## 【その6】不安・悩みと向き合う

仕事をしていれば不安や悩みはつきません。うまくできるだろうか、ミスしたらどうしようかという日常の不安、本当にこのままで良いのだろうか、思い通りの方向に行けるのだろうかという将来の不安など、つねにさまざまな不安に苛《さいな》まれます。なんとか不安を解消したい、と思うかもしれませんが、生きている限りおそらくそんな日は来ないでしょう。

同様に、仕事における人間関係の悩みや貢献と処遇の不一致の悩み（つまり給料が安い、出世できない）などがない人もいないと思いますが、その悩みが完全に消滅し、「気分に一点の曇りもない！」という瞬間はこれまでも今も、そしてこれからも来ないと思います。

その理由は非常にシンプルで当たり前のこと。それは、仕事をしているから。あなたが前に進んでいるからです。何もせず、現状に甘んじて静かにじっとしていれば、何かが迫り来ることもないし、誰かとぶつかることもありません。

今はこんな本を書いて、多くの人にアドバイスしている私自身も、もちろんつねに不安と悩みを抱えながら仕事をしています。本当に貢献できているのか、期待通りにこのタスクをやり遂げられるのか、じつは「イマイチ」と思われているんじゃないか……。不安や悩みがなかったことはありません。

しかし、不安や悩みの多くをよく考えてみると、**「心配したり悩んだりしても結果が変わらないこと」**が多分に含まれています。

すでに終わったことや自分の力ではどうしようもないことなどがそれなのですが、そこに心を奪われてしまい、前に進むことの障壁になっているのだとしたら、それはとてももったいないことです。悩んで進めない自分に対して、自己嫌悪に陥ってしまっては、もったいなさはさらに倍になります。

**どうしようもないことには悩まない、悩んでいる自分を責めないでください。**悩みや不安は**「進んでいる証」**としてポケットに入れておくくらいの感じで毎日を過ごしましょう。

不安や心配事の8割は起きないとも言われます。おそらく気づいた時にはなくなっているのではないでしょうか？

# 面接で失敗しないための裏技

本章の最後に、転職に失敗しないための面接の裏技を教えましょう。それは**「逆質問」**です。

私は面接時、企業側の面接担当者に対して、必ず質問するようにしていました。「この会社の魅力はどこにありますか?」「なぜこの会社で働いているのですか?」「どんなご経歴なんですか?」「どんな経緯で入社されたのですか?」などなど。面接の最後には「何か質問はありますか?」と聞いてもらえる時間がありますから、そのタイミングを使えばOKです。

面接官の個人的な意見など関係ないと思うかもしれませんが、面接官は会社を代表して面接に当たっている人です。その人の答えを聞くことで(たとえ個人的な感想だと前置きがあったとしても)、会社側がどのような人材を求めているのかはある程度わかりますから、その会社が自分自身と合っているか合っていないかの判断材料が増えます。

こうした事前リサーチの結果、その会社が自分自身に合っていると感じられたら、ぜひ自信を持って採用を進めてもらってください。

もし少しでも合っていないと感じたら、採用を進めてもらう必要はありません。そのような会社で我慢して働いても、エンゲージメントが高まるはずがありませんから。

また、「この質問をするとネガティブに影響するかも」と思うことでも、それがあなたにとって重要な事項なら、臆さずに聞くことをおすすめします。たとえば、「育休取得率はどれくらいですか？」と質問したい場合、「質問したことで積極的に育休を取る気だと思われ、不採用になるかもしれない」と不安になる気持ちもわかります。ただ、育休を良く思っていない会社で、育休を取るつもりのあるあなたが気持ちよく働けるはずがありません。

気持ちは隠さず、見栄を張らず、等身大のあなたでいきましょう。

# 第5章

## 人間としてキャリアアップするための8つのコツ

## キャリアアップのために押さえておきたい8つのコツ

ここまでお伝えしてきた通り、自分のパーパスを意識して人間関係を良好に保つ努力を重ね、エンゲージメントを高めながら日々働けば、あなたの社内での評価は高くなって仕事の成果も次々と挙げられることでしょう。

本章では、さらなるキャリアアップのための具体的な方法と、その際に重視すべき考え方をお伝えしていきます。

そもそもキャリアアップとは、広辞苑第七版（新村出／岩波書店）によれば「職業上の経歴・技能を高めること」とされており、昇進や転職を含め、その人の市場価値や収入が上がることも指します。

さらに私は、キャリアアッププランに沿って、自分の能力そのものを向上させていくことも、キャリアアップに含まれると定義しています。自分自身の成長の階段を一歩ずつ昇っていく、かっこよく言い方を変えれば **「自分らしく働くことを追求していく旅」**

でしょうか？　したがって、会社勤めをしている人だけでなく、自営業やフリーランス、学生や主婦の人でも自分なりのキャリアアップを実現することは可能であり、むしろ誰しもがキャリアアップをすべきだと考えています。

人生は長いようで短いものです。より効率的にキャリアアップをし、さらに上積みしていくためには、ちょっとしたコツが必要です。そのコツは8つあります。

〈キャリアアップの8つのコツ〉

【コツ1】足りないパズルのピースを1つずつ埋める
【コツ2】上司の無茶振りが自分を育てると考える
【コツ3】「何かやりたい！　でもわからない！」ならまず英語
【コツ4】完璧なチャンスを待たない
【コツ5】最終決断では家族の言うことは聞かない
【コツ6】転職する気がなくても応募してみる
【コツ7】スキル・給料よりもカルチャーフィットを重視
【コツ8】決まらなくても落ち込まない・めげない

それでは、1つずつ詳しく解説していきましょう。

## 【コツ1】足りないパズルのピースを1つずつ埋める

第2章で登場した「私のキャリアプラン」に、「伸びしろ」という言葉があったのを覚えているでしょうか？　大きなパーパスを掲げれば掲げるほど、たくさんのギャップを埋める努力が必要になりますが、1つずつ着実に埋めてき、「自分にはこんなに伸びしろがある」と楽観するくらいがちょうどいい、ということをお伝えしました。

また、第4章では「フィードバックをギフトと捉える」という話をしました。そこで、フィードバックはあなたの「現状」とあなたが求められている「理想像」との差分であるともお伝えしましたね。差分とはすなわち、埋めるべきギャップであり、伸びしろと同義です。

それら「伸びしろ」は、パズルのピースにたとえることができます。**パズルは自らが果たすべきパーパス**です。実際のパズルをイメージしてください。新品の箱に入っていて、表紙には完成した暁《あかつき》に現れる美しい絵や写真が描かれているはずです。誰もがその絵や写真の美しさに魅了され、「よし、これを自分の手で完成させてやろう」と意気込みます。

そして、パズルにおいて重要なのがピースの数です。300ピース、500ピース、1000ピースなど、種類はさまざまです。ピースの数が多ければ多いほどでき上がるサイズは大きくなり、難しさも増していきます。その分、完成した時の満足度も高くなります。そのうち、300ピースでは満足できなくなり、500ピース、1000ピースと数を増やしていきます。これが、**「成長」**です。

しかし、実際のパズルと人生のパズルとでは、決定的な違いがあります。それは、ピースが最初からすべて揃っているか、いないか、ということです。

実際のパズルを安心して楽しめるのは、ピースがすべて揃っていて、1つずつ地道に埋めていけば必ず絵や写真が完成するとわかっているからです。

## 人生のパズルのピースは敷かれたレール上にはない

人生のパズルはピースが揃っていないことが前提です。最初から誰かに用意されているものではなく、自分自身で探さなければなりません。

今の自分に足りないピースは何か、どこにどのピースがあるのか、当然若く未熟なうちは、足りないピースがたくさんあります。「こんなパズル、どうしたら完成できるんだ」と絶望的な気持ちになるかもしれません。あるいは、最初からつくることをあきらめてしまうこともあるかもしれません。しかし、その足りないピースを埋める努力をしないと、パズルはいつまで経っても完成しません。

「いやいや、良い大学を卒業して、良い会社に入れば、あとはキャリアアップなんてかんたんじゃないか」「社内で一生懸命仕事をしていれば、順調に昇進していくはず」と言いたい人もいるでしょう。

でも、そうではなかったからこの本を手に取ってくれたのではありませんか？　仮に、良い大学を卒業して、良い会社に就職し、一生懸命し仕事をして順調に昇進していたとしても、どこか物足りなさを感じているのではないですか？　そうした人を、私はたくさん知っています。

つまり、真のキャリアアップとは、**出世の階段を昇っていくのでも、誰かにお膳立てされたエリートコースを歩くのでもなく、自ら選び、努力し、自らの力で進めていくもの**です。言い換えれば、キャリアを求めるということは、**自分らしく働き、人生における心の充足感や達成感を得るということ**です。

一部のビジネスパーソンだけに有用・必要なのではなく、年齢・職種・経歴に関係なくすべての人にとって意味と意義があります。

## 地道な自問自答の先に一欠片は落ちている

さて、話を戻します。キャリアアップのためには、人生のパズルのピースを自ら探さなければなりません。

あなたの足りないピースは何ですか？　いくつありますか？　とりあえず、今あるピースをありったけかき集めてください。大体の人が持っている今あるピースとは次の2つです。

**① 「私のキャリアプラン」で書き出した伸びしろ**
**② 最近受けたフィードバックの内容**

①については、すでに書き出してくれていると思いますので、問題は②です。年齢や立場、働き方によってはフィードバックを受けていないと言う人もいるでしょうし、「自分には不要だ」と思っている人もいるかもしれません。

ここで思い出してみてください。フィードバックはギフトです。あなたがいらないと思っても、相手は「きっとよろこんでくれる」と思って意見して選んでくれています。

フィードバックの場合はなおさら客観的意見は重要で、主観的な考えを補って余りある示唆を与えてくれることが多々あります。つまり、それが**あなたにとって足りないピース**である可能性が高いのです。素直に受け取って、自分のパズルを埋めるための材料の1つにしましょう。

『私のキャリアプラン』で書き出した伸びしろ」「最近受けたフィードバックの内容」をかき集めても、当然まだ足りません。ここからが、このパズルの難しいところでもあり、面白いところでもあります。次のピースを探すのです。

### ③ さらに自分に必要だと思われるピース

このピースを見つけるのはかなり骨が折れるかもしれません。なぜならパズルの完成図である自分のパーパスをしっかりとイメージできていないと、逆算して今の自分に足りないピースがどんな絵柄か、どんな形かわからないからです。

したがって、この「さらに自分に必要だと思われるピース」を探すためにまず行なうべきことは、**自分のパーパスとその実現のための目標を再確認する**ということです。

私のパーパス実現のための目標は「どこでも通用するグローバル人材になる」です。それをつねに意識し、ことあるごとに「足りないピースは何か？」を自問自答し、それが「どこにあるか？」を探り、一つ一つ手に入れては埋めるという地道な作業を続けました。その例を2つ挙げてみます。

〈例1〉
足りないピース……海外の人たちと協力して長期的に仕事をする経験
どこにあるか………外資系企業

〈例2〉
足りないピース……人事の責任者と重要な経営判断に関与した経験
どこにあるか………それに相応《ふさわ》しい部署や役職（その会社になければ他社）

まず、今の会社・部署・ポジションで探してみる。現場では難しければ、上にかけあって別の部署・ポジションに替えてもらう。それでも埋まらないと思ったら会社を替えてみる。いきなり転職するのは少しリスキーです。

今一度自分の身の回りをじっくりと見渡してみて、そこにきらりと光る一欠片（ピース）がないか、目を凝らしてみてください。**じつは思ってもいなかった場所に落ちていたり、予想外の人が持っていたりするもの**です。

## 【コツ2】上司の無茶振りが自分を育てると考える

上司の無茶振り、これもじつはパズルのピースになり得ます。しかも、探していたけれど見つからなかった待望のピース、あるいは、これが埋まることでほかのピースが有機的に繋がっていく鍵《かぎ》となるピース、そんなレアアイテムになる可能性を秘めています。

なぜなら、パズルのピースは理想と現実のギャップであり、上司からのフィードバックはそれと同義で、その最難関が**「無茶振り」**と言えるからです。

そもそも無茶振りとは何でしょうか？　一般的には、次のような意味があります。

・困難な仕事を無理やり引き受けさせること
・返答に困る話題を投げかけること
・漫才などで相方に無理難題を押しつけて困らせること

「今日中に北海道から沖縄まで徒歩で縦断しろ」というような、どう考えても実現困難な無茶振りなら、あれこれ気を回さずに「申し訳ありませんが、できません」と断ってください。しかし、**実現可能で、相手が一定の配慮を示している場合は、むげに断ってはいけません。**

また、無茶振りには種類があり、部下が辟易《へきえき》する無茶振りもあれば、部下のモチベーションを上げる無茶振りもあります。部下のモチベーションを上げる無茶振りは、**「ちょっと背伸び」**すればできることが多いものです。

たとえば、これまでとは規模も難度も上の新規プロジェクトに参画することになったとします。自分の知らない知識や経験を求められたり、仕事の精度やプレッシャーもこれまで以上になることが予想され、不安にもなるでしょう。しかし、これまでやってきたことの延長線上にあることなら、やってやれないことはありません。文字通り、ちょっと背伸びすれば良いのです。それができた暁には、背伸びしなくても同じレベルの仕事ができるようになっているでしょう。

最近では、今の自分の実力以上の指示を出されると、すぐに「無茶振りだ」と感じて挑戦しない人が多い傾向にあります。納期が短い、今の自分には能力が足りないなど、無茶振りと感じる理由はさまざまです。

ただ、その無茶振りこそがあなたのキャリアアップのチャンスをつくります。納期が短ければ、その短い時間の中でどのように成果を出せるかを必死に考えることで、まわりの人とのコミュニケーションが取れるようになったり、新しい時短化のスキームが見つかったりするかもしれません。大幅なレベルアップも夢ではありません。

もちろん無茶振りに応えようとしすぎるあまり、心身を壊すことにならないよう、可能な範囲内で難しいこと・新しいことにチャレンジしていきましょう。

## 【コツ3】「何かやりたい！でもわからない！」ならまず英語

キャリアアップのために資格の取得を考えている人もいると思います。たしかに、キャリアアップに資格取得は有効です。その理由はいくつか考えられます。

- 専門性の証明……特定分野での知識やスキルを客観的に示せる
- 競争力向上……同じ経験の候補者間で差別化できる

・昇進・昇給の機会の増加……多くの企業で資格保有者を評価優遇している
・新たな機会の獲得……新しい職種や業界に挑戦できる
・自己啓発……学んだことが成長に繋がる

具体的な資格については、自分のキャリア目標や業界に応じて選んでいただきたいですが、**何をすべきかわからない、どんな業界にも通じる資格を取りたいという人には、「英語」をおすすめします。**

中でも「TOEIC（世界最大の非営利団体ETSが開発した世界共通の英語力テスト）」は、ビジネスパーソンにとって重要な評価基準の対象となり、グローバル社会で通用する英語力を身につけるのにうってつけだと言われています。

「TOEICの点数が高いからといって英語が話せるわけではない」という意見もあります。たしかにそれは事実なのですが、現状、**日本企業における「英語ができる・できない」の判断材料として最も用いられているのはTOEICのスコア（点数）**であることも事実です。日本でTOEICを主催する一般財団法人国際ビジネスコミュニケーション協会によれば、日本の企業・団体の55・4％がTOEICのスコアを採用時に参考にしています。

さらにTOEICの点数は年収にも繋がります。日経転職版によれば、すべての業種・職種においてTOEICが500点以上（満点は990点）の英語力がある人は、平均年収より高い収入を得ているという結果が示されていました。

また、TOEICが900点以上だと、金融・保険業界では年収がプラス254万円、医薬・医療機器・医療系サービス・ライフサイエンス業界ではプラス196万円になるとのこと。機械・電気・電子エンジニア業界においては、TOEICスコアが600点以上でプラス192万円になるという結果が出ています。

ちなみにTOEIC600点は、英検だと「2級～準1級」レベルとされています。最低でも、高校卒業以上の英語力が必要だとされていますが、逆に言えば高校卒業以上の英語力があれば、取れる可能性は誰でも十分にあるということです。

通説ですが、**企業の採用応募時に履歴書に書いてアピールできるのがTOEIC600点以上**とされています。就職や転職の際、企業に英語力をアピールするなら取得しておきたい資格ですね。

## 【コツ4】完璧なチャンスを待たない

ここからは、キャリアアップの最終手段である「転職」について掘り下げていきたいと思います。キャリアの相談を受けている時に「転職しないの？」と尋ねると、「考えているけど、ちょっと今はその時期ではないんですよね」という答えが返ってくることがよくあります。「今のプロジェクトをやり切ったら」とか「若手がもう少し育ったら」などというパターンもあります。

しかし「転職」を考える人にとっての完璧なチャンス、というのは果たして本当にあるのでしょうか？　つまり「今のプロジェクトもやり切った、若手も育った、自分の後任もどうやらできそうだ、心残りもない。よし準備完了！　転職だ！」というタイミングは本当に来るのでしょうか？

転職を4回した私に言わせれば、そんなふうに整った「チャンス」はありません。なぜなら、転職にとって重要なことは、**あなたの準備ができているかどうかではなく、市場のニーズがあるかどうか**、ということだからです。要するに、「雇いたい！」と思っている側からのオファーがなければ「転職」は成立しないということです。

あなたの準備ができた時に、果たしてタイミング良く空きポジションはあるのでしょうか？　オファーは来るのでしょうか？　これは転職に限らず、社内で別のポジションに応募する社内公募や、新しい責任・役割を打診するケースでも言えるかもしれません。

パーパスを実現するために、自分でつくった目標を確実に達成するためには、**完璧なチャンスを待たず、求められる側やニーズに合わせて動く**ほうが得策であると思います。

もちろん、すべてが整ってから新しい扉を開けたい、タイミングが合わなくても、時間がかかってもいい、という人もいるかもしれません。そのような考えやり方も否定はしませんが、日常の仕事は次から次へとやってきます。

「固まってから旅立ちたい！」と思っているあなたの足元は永遠にぬかるみにはまったまま、結局いつまでも新しい扉を開けられないでいる、そんなことになるような気がします。

新しいチャレンジに関して、「今はチームを抜けられない」「このチームを見捨てるわけにはいかない」ということを言う人もいます。素晴らしい責任感だと思いますが、本当にそれは後悔のない選択になるのか、今一度考えてみてほしいと思います。**キャリアの追求に自己犠牲は禁物**です。「あの時転職していればなあ」などとぼやく未来があってはいけないでしょう。

完璧なチャンスを待たない――。チャンスが来たら準備ができていなくてもチャレンジの扉に手をかけてみてください。前向きに自分らしく生きていくためには重要な姿勢だと思います。

## 【コツ5】最終決断では家族の言うことは聞かない

私が企業の人事担当だった頃、中途採用の候補者からよく聞かれたのが「家族がこう言っているから」というものです。社員のキャリア相談でもよく聞いたフレーズです。

たとえば、「私は転勤してもいいと思っているのですが、両親が納得してくれなくて」とか、「転職するなら年収が100万円くらい増えないと、妻が首を縦に振ってくれない」とか……。私から言わせれば、両親や妻（あるいは夫）を言い訳にして、自らのキャリア選択の自由を放棄しているように思います。

私の母は、仕事やプライベートについてよく口を出してきます。思い返せば、私が新卒の時も「上場企業に必ず就職しなさい！」と言ってきました。実際に上場企業に就職すると満足した様子でしたが、数年後私が転職しようとすると「せっかく上場企業に就職できたのに辞めるなんてもったいない」と苦言を呈してきました。

その上場企業は、当時は業績が好調だったので、引き止めたくなる気持ちもわかります。ただ、今や業績が下がって外資系企業に買収され、ついには上場廃止になってしまいました。当時の私の判断は正しかったと言えるし、上場企業に入れば安泰《あんたい》だという考えは間違っていることが証明されたわけです。

しかし、それ以前に、**自分のキャリアは自分で決める**のが大前提だと思います。もちろん、これまで育ててくれた両親や、生涯を共にするパートナーを完全に無視することはできません。それでも、本当に自分が進みたいと思ったら、あらゆる手段を使ってでも説得すべきです。

当たり前のことを言いますが、「家族」は大切なステークホルダーではあれど、「あなた」ではありません。たんにパートナーが反対しているからとか、両親がこう言うからという理由でキャリアを選択したら、必ず後悔します。

それだけでなく、自分の人生の責任を他人に押しつけているのですから、相手に対しても不誠実です。**あなたのキャリアは他の誰のものでもない、あなただけのものであるべきです。**自分の生きる道くらい、自分で責任を持って選びましょう。

## 【コツ6】転職する気がなくても応募してみる

転職してみようかなと思って転職サイトを覗いていると、前向きに「おや？」と思う募集があります。エージェントに登録している人はその担当者から案件の紹介を受け、「いいかも」と興味を惹く案件があったりするでしょう。そんな時の私のおすすめは**「とりあえず応募してみる」**です。

普段の業務で忙しい中、職務経歴書を整え、スケジュールを調整して先方の会社に足を運び、人事担当や経営者と話をするのは、それなりの手間でエネルギーも使います。何度も転職している私でもこのプロセスにはそこそこ疲れたものです。

ゆえに、ほとんどの人はそれ相応の興味を惹く募集でなければ応募に踏み切らないでしょうし、前述したコツ４「完璧なチャンスを待たない」でも触れたように、自分の現在の状況を鑑《かんが》みて「まだいいかな」とエージェントからのメールをそっと無視してしまうことはあるあるではないでしょうか。

しかし、もし少しでも興味があるのなら、またはそろそろ現在の自分を何とかしたいと思っているのなら、率先して応募してみてほしいのです。たしかに手間もエネルギーもかかりますが、**職務経歴書をつくり、他社の人事担当の前でこれまでの自分について語る、それについての質問を受け、また答える――。**

このプロセスはまさにこれまでのあなたを「棚卸し」することであり、あなたのパスをあらためて考えることができる、極めて貴重な機会です。じっとしていたら、こんな機会に巡り会えることは滅多にありません。

また、応募まで至らないにしても、職務経歴書を整えたり、面接で答えることを考えたりしているうちに、なんとなく漠然とした不満や不安がクリアになって、「まだできそうなことがあるな」と気づくかもしれません（私は企業勤めだったころ、これを繰り返していました）。

とりあえず応募してみて、もしそれが首尾良く進んで満足できるオファーが出れば、思い切ってそこに飛び込んでしまえばいいですし、そうでなければ断ればいいだけです。

もしオファーが出なかったとしても、必ず得られるものはあると思います。ぜひ一度挑戦してみてください。新しい風景が見えてくるはずです。

## 【コツ7】スキル・給料よりもカルチャーフィットを重視

いざ転職を決意して、志望する企業も概《おおむ》ね決まったとしても油断は禁物です。最後の重要な見極めポイントがあります。それは**「カルチャーフィット」**です。

「残業はほとんどないし、土日は完全に休み、自分の経験も通用するし、給料も今までより高い。申し分のない会社だけれど、なぜか違和感がある」。この場合、転職先の企業カルチャーとあなたの考え方が、フィットしていないということが考えられます。

企業カルチャーとは、「企業と社員の間で共通認識となっている規範や行動様式のこと」を指します。その企業に所属するすべての社員にとって尊重すべき大切なものです。カルチャーフィットとは、この**企業カルチャーと、働く側の価値観や性格が合っている状態**を指します。

たとえば、チャレンジ精神旺盛《おうせい》な人は、「決められたことに誠実にあれ」を企業カルチャーとして掲げる企業よりも、「まずはなんでもやってみよう！」というカルチャーの企業のほうが絶対に合います。だから、私は転職するうえで最も重視すべきなのが、この「カルチャーフィット」だと思っています。

カルチャーフィットしない状態で企業に居続けると、まわりの人との考え方の違いや会社の経営方針に納得できず、じわじわと真綿で首を締《し》めつけられるかのように、苦しむことになります。

第1章で軽く触れましたが、私自身、カルチャーの合わない外資系製薬会社で働いていた時はエンゲージメントが上がらず、結局想定していたよりも早く退職することになってしまいました。

## 転職先のカルチャーを事前に知る方法

転職前に、その企業とカルチャーフィットするかどうか判断するためには、とりあえず、転職先のホームページに記載されている企業理念や行動規範を調べてみてください。**自分の大切にしている想いと近いかどうか、共感できるかどうか**をチェックするのです。

また、可能であればその企業の製品を購入したり、サービスを利用したりするのも有効です。私の経験上、**現場の雰囲気と組織全体のカルチャーには密接な関係がある**と言えます。

実際に、私はラッシュへの転職を考えていた時に、現場はどんな感じなのだろうと都内のショップに足を運びました。そこで目についたのが「NO ANIMAL TESTING（動物実験反対）」の文字が入っているショッピングバッグです。

こんなにメッセージ性の強いショッピングバッグを使うなんて、おそらくかなり強い経営理念があるのだろう、そして相当に社員の共感を得るための教育をしているのだろう（お客様に尋ねられたらスタッフは答えなければいけないので）と推測しました。そしてその予感は的中しました。

こんなふうに事前準備をし、そこで働く自分をぼんやりと想像してみて、自分の価値観と比べて何か違和感があったらぜひ言語化してみてください。それが共感であっても有効かもしれません。そして、その違和感や共感のポイントを面接で確かめてみるのです。

同じくラッシュの例で言えば、会社の人事に最も大切なものは、「そこで働く社員が共有する理念があるかどうか」だと私自身が考えていたので、「倫理観」という明確な組織文化を最も重要なものとして位置づけているラッシュとはカルチャーフィットしました。そこに共感できるかどうか、これを数回にわたる面接やインタビューで確認することができたのです。

**企業カルチャーは売り上げや利益率のように数字で定量的に測ることはできません。**

企業理念や行動規範、現場の雰囲気、実際に働いている人の感想など、「なんとなく」という曖昧な情報ソースに頼るしかないので歯痒《はがゆ》く、だからこそ難しいのですが、自分のエンゲージメントに大きな影響を与える要素である分、じつは判断の大きな部分を占めます。

**自分が大事にしてきた価値観を基準に、慎重かつ最後は大胆に判断をしてほしいと思います。**

## 【コツ8】決まらなくても落ち込まない・めげない

「この会社にどうしても行きたい！」とどれだけ熱望しても、その会社に採用されないことは誰にでも起こり得ます。会社が求めているスキルとあなたが持っているスキルが合わなければ、採用に至る理由がないからです。これればかりは仕方がありません。私も何度かそんな経験があります。

私は人材開発の知識や経験は豊富ですが、労務については少し弱いところがありました。そのため、人材開発が得意な人を求めている企業には採用されやすいのですが、労務に強い人を求めている企業に採用される可能性は低かった時期があります。つまり、**「適材適所」**ということです。

また、会社側から見て、あなたがカルチャーフィットしにくそうな人に見えたのであれば、それも残念ながら落とされる理由になります。スキルは入社後に指導すれば身につけさせられますが、性格までは変えることはできません。

すごくスキルがあるけれどカルチャーがまったくフィットしていない人と、スキルはまったくないけれどカルチャーフィットが完璧な人なら、迷わず後者を採用するという企業が多いでしょう。

しかし、自分を卑下しすぎることはありません。**一生懸命努力したうえでの「100%の自分」で受からなかったなら、その会社とは縁がなかったというだけ**です。むしろ必要とされていないポジションで採用された結果、社内で手持ち無沙汰《ぶさた》になることもなければ、カルチャーフィットしない居心地の悪い環境の中で我慢して働く必要もないのだから、むしろ良かったと前向きに考えましょう。

さらに言えば、**転職が決まらなかった＝今の会社が現時点でのベストポジション**と考えることも可能です。環境は今の会社で十分、足りないのは仕事内容や人間関係だと考え直し、社内で新たなパズルのピースを探す努力に意識を切り替えてみましょう。

これは言い訳でも現実逃避でもありません。**「この選択こそが、今の自分にできる最高の選択だ」**と自信を持って、あまり悩まず気楽にいきましょう。

オファーが出なかったということは、**そこは自分が行くべきところではなかったということがわかった、**ラッキーなことです。いつまでも過ぎたことにとらわれず、前を向いて今やるべきことに集中する。これがあなたのキャリアアップを成功させる大事なコツです。

# 第6章

# 新しい自分で成功をデザインする

## 転職先でうまくいくための6つの考え方

私が人生において一番ワクワクする日は、転職して初めて出社する日の朝でした。これからどんな仕事ができるのか、どのようにキャリアアップしていけるのか、どんな人たちと出会えるのか、楽しみで仕方がありません。多くの人が、転職するにあたって多少の不安を抱えつつも、楽しみな気持ちのほうが優っているのではないでしょうか?

そうでなければ、自ら転職しようとは思わないはずです。ワクワクする新しい環境で、給料も役職も上がる、やりたい仕事ができるとなれば当然エンゲージメントは上がります。

ただ、ここで覚えておいてほしいのは、**「リスクのない転職はない」**ということです。今までと同じ業種でも、事業の規模が変わると対応しなくてはならない業務範囲も変わりますし、給与や役職が上がるということは、その分責任も増えるということになります。

マネージャー職であればより多くの人をマネジメントしなければならない重圧が増

すでしょうし、勤務地が変われば住む場所も日々の通勤スタイルも変わります。もしかしたら引越しをして、遠距離通勤をしなければならなくなるかもしれません。家庭環境が変われば家族の負担も大きくなります。子供の学校、ご近所関係……、気になることをあげれば枚挙にいとまがありません。

そこで本章では、転職した後の話、転職先でうまくいくための考え方をお伝えします。それは次の6つです。

**【考え方1】リスクのない転職はどこにもない**
**【考え方2】「失敗した！」は成功の第一歩**
**【考え方3】先住民を否定せずムラの言葉を覚える**
**【考え方4】澱《よど》まず焦らず90日で「クイックウィン」**
**【考え方5】転職先がカオスなら大チャンス**
**【考え方6】早めに地雷を踏みに行く**

それぞれ詳しく解説していきましょう。

## 【考え方1】リスクのない転職はどこにもない

転職でワクワクした気持ちになるのはもちろん良いことですが、そこにはリスクも数多く待ち構えていることを、予め理解しておきましょう。そうすることで、予期せぬトラブルを未然に防ぐことができます。そこで、やってほしいのが**徹底的なリスクの洗い出し**です。次頁に示した表を埋めてみましょう。

表にある項目の「考えられるリスク」はその時々の状況によって変化します。必ず起こると確信できなくても、**「どうも人間関係がややこしそう」**といった直感や、**「この業種ではよく起こる」**といった一般的なリスクも含め、考えられる限り書き込んでみてください。

できれば、**転職先を実際に訪ねたり、担当者に聞くなどして精度を高めること**が理想です。そうすると、たとえば「職場の近くにランチができる飲食店がない」とか「副業ができない」などといった思いもよらぬリスクが出てくることがあります。

とりあえず挙げるだけ挙げて、別にリスクではないと思えば、「当てはまれば○／当てはまらなければ×」の項目に「×」をつけます。

## リスクを洗い出すワーク

| 考えられるリスク | 当てはまれば○／当てはまらなければ × | 自分にとっての難易度(1～10) |
|---|---|---|
| | | |
| | | |
| | | |
| | | |
| | | |
| | | |
| | | |
| 合　計 | コ | |

「〇」だったものについては、それがどれくらいのリスク度合いなのかを可視化するために点数をつけていきます。「自分にとっての難易度（1〜10）」の項目です。1は、リスクではあるけれど大してマイナスにならないもの、逆に10はその解決のためにかなりの時間を割いて注力しなければ克服できないものというレベル感です。その強弱を数字で表してください。

難易度をつけたら、なぜその難易度なのか理由を記載し、難易度が高いものについては、その対策方法も自分なりに考えて記載してみてください。

## リスクの洗い出しで不安の芽を摘み取ろう

参考までに「これまで物流業界以外の大企業で働いていた人が、物流業界のスタートアップ企業に転職し、管理職になった場合」を想定して表を埋めてみました。

前提として、彼は初めて物流業界に身を投じることについて、新しい知識を身につけられることに楽しみを感じています。しかし、**楽しみというのはリスクの裏返し**でもあります。誰でもかんたんにクリアできるゲームをプレイして楽しいでしょうか？

## リスクを洗い出すワークの例

| 考えられるリスク | 当てはまれば○／当てはまらなければ× | 自分にとっての難易度(1〜10) |
|---|---|---|
| **初めての物流業界**<br>⇒初めてだけど、知識を身につけられるのは楽しみ！ | ○ | 2 |
| **大企業にしか務めたことがない**<br>⇒スタートアップだから困ることは多そう。でもつくり上げるやりがいはありそう。 | ○ | 3 |
| **初めての管理職**<br>⇒かなり不安感は強い。マネジメントについて勉強してきたことを一つ一つ実践していこう。 | ○ | 8 |
| **勤務地が遠い**<br>⇒引っ越し必須。早めに対応して入社してから荷解きする必要がないようにしよう。 | ○ | 3 |
| **会社のまわりに飲食店がない**<br>⇒自宅から持っていくか、コンビニで買って行こう。 | × | |
| **副業ができない**<br>⇒まずは今ある仕事だけに集中しよう。 | × | |
| **ベテランの部下がいる**<br>⇒この人とうまくやることが肝だと思う。良い関係を築く努力をしよう。 | ○ | 5 |
| 合　計 | 5コ | |

もしかしたらクリアできないかもしれない、というドキドキやハラハラがあるからこそ夢中になれるものです。

とはいえ、リスクが大きすぎるとストレスが強くかかります。クリアできないとポイントが減っていき、一定回数以上クリアできないとゲーム機本体が壊れてしまうといったゲーム（そんなゲームはないと思いますが）では、さすがにプレイするのを躊躇《ちゅうちょ》するでしょう。それはあまりにも難易度が高いからです。

例の表であれば、難易度8をつけた「初めての管理職」がそれにあたります。もちろん仕事はゲームとは違います。嫌でもやらなければなりません。だからこそ、**クリアするために優先的に時間を割くべきことを、表で可視化する**わけです。

このように、**転職のパターンごとに想定されるリスクを洗い出し、その具体的な対策まで考える**ことで、リスクの整理ができ、その度合い自体を下げることに繋がります。場合によっては事前にリスクの芽を摘むこともできるでしょう。備えあれば憂いなし。リスクに対する心構えと事前の対策が、転職先でのあなたの活躍を助けてくれます。

## 【考え方2】「失敗した！」は成功の第一歩

すでにお伝えしてきたように、転職活動をする際には**自分とその企業が合うか合わないかをしっかり判断する**べきです。私自身も転職前には、その会社が自分に合うかどうかとことん吟味《ぎんみ》し、わからないことがあれば面接で質問したり、知り合いに聞いてみたり、その会社についてできるだけ深く理解するように努めてきました。

しかし、もちろん限界はあります。だから最後は**「なんとかなるだろう！」**という勢いで決めてしまいます。私はそれで良いと思うのです。ゆえに、やはり新しい職場に行けば、環境変化によるストレスは多少なりともあります。それまで慣れ親しんだ環境から離れ、新しい仕事を覚えつつ人間関係も新しく構築しなくてはいけないのですから当たり前です。これもリスクの1つと捉えて良いでしょう。

そのため、転職した直後は不安な気持ちになって、「転職に失敗したかもしれない」などと不安に思うかもしれません。こうした心のゆらぎも人間だから至極当然のことです。

私も今でこそ自信満々に自分の転職話を語っていますが、思い返せば、過去4回の転職のほぼすべてで1ヵ月以内に「失敗した！」と感じていました。準備したつもりでも必ず不安に苛まれるものです。

ただ、私はそうした**不安やさまざまなリスク、ストレスにさらされることは、むしろ良いこと**だと当時から思うようにしていました。そして、あなたにもそう思ってほしいのです。その不安は、**「今まで歩いてきた道と違う道に歩み出したがゆえの苦しみ」**だからです。

チャレンジには失敗という痛みが伴うことが多いものです。だから失敗したらどうしようと不安になります。不安になるということは、果敢《かかん》に挑戦している証拠です。不安であることを誇りに思い、よろこびましょう。言ってみれば、あなたはその**「不安」を得るために転職をする**のです。不安や失敗を恐れて、一歩を踏み出さなければ成功は手に入りません。また、人間としても成長できません。

成長なんてしなくていい？　今のままでいい？　私からすれば現状維持は停滞と同じです。もちろん生活の安定や、居心地が良い職場に居続けることを否定するつもりはありません。仕事の仕方や人生の過ごし方は人それぞれです。

それでも、私はつねに変化し、成長し続けることが生き甲斐です。そして、**成長のためには自分自身を苦労する環境に置く**ほうが良いと信じているし、実際そうしてきました。

昨日より今日、今日より明日、少しでもかっこいい自分でいようとすることは、人間の摂理ではないでしょうか？

## 適度な苦労が成功へと導いてくれる

勇気を出して踏み出したけど入社した企業がブラックだった――。などという話をよく若い人から聞きます。もちろん、残業時間が月に60時間、20日間連続勤務で代休もなしなど、どう考えても労働基準法に違反するようなことがあれば、すぐにでも次の転職先を探すべきです。

ただ、入社前に思っていたよりも求められるレベルが少し高いとか、今の自分にとっては相当ハードルの高い仕事を無茶振りされたとかいう場合は、安易に「ブラック企業だ！」と非難するのではなく、チャンスだと思ってほしいのです。

**高い次元を要求されたり、高いハードルを目の前に置かれるのは、それだけあなたが期待されているということ**。できそうもない人にそうした機会は与えません。コストの無駄だからです。その機会はあなたを成長させるきっかけであり、成功の第一歩になります。

たとえ人間関係の苦労があったとしても、それもまたチャンスです。良くも悪くも新しい人たちと触れ合うことで、あなた自身の価値観はアップデートします。

第3章でお伝えしたように、良い人間関係は自分自身でつくるものです。雨降って地固まるではないですが、苦手だと思っていた人と胸襟を開いて語り合ったらとても気が合う人だとわかった、ということはよくある話です。

**職場での人間関係のトラブルは、むしろ強固な絆をつくる良い機会**だと認識して、日々試行錯誤して成長していきましょう。

## 【考え方3】先住民を否定せずムラの言葉を覚える

私の職務領域は人事なので、転職して新しい企業に入ると、人事制度の刷新や新しい戦略の実行、組織や職場にインパクトのあることを最初のミッションとして託されます。

その時、私がまず何をするかと言うと、各部署の様子をチェックしてその状況を判断し、問題がある場合は人事異動や役割責任の変更を提案したりします。さらに、根本的なことに要因があれば人材育成の方法を変えるよう上層部に提案したり、マネジメント層に対して教育方法の指導を行なったりもします。

さてここで質問です。もしあなたがその会社で入社以来10年間働き続けている生え抜きの中堅社員だったとして、入社してすぐの人事担当者に、人事異動を言い渡されたり、人材育成の方法について指導されたりしたら納得できるでしょうか？　おそらく、「入社したばかりのコイツに何がわかるんだ」「社内の事情を把握してから言ってくれ」と反発心を抱くと思います。

なぜ、そうした反発心が起こるのでしょうか？　それは、**「自分たちがやってきたことを否定された」**という心理が働くからです。人事にしても、人材育成の方法にしても、良かれと思ってそうしてきたことがほとんどです。

直接の担当者ではなくても、自社の現状を肯定したいという気持ちは、社員なら誰にでもあるはずです。**会社に対するロイヤリティ**と言い換えても良いかもしれません。これまで成長してきた歴史のある会社の社員ほど、帰属意識は高いでしょう。そうした会社の制度や方針を変えようと提案することは、その会社の現状を否定していると捉えられても仕方がないことです。

だから、私が転職する時にいつも心掛けているのは、**「その会社の先住民を否定しない」**ということです。社員個人だけを指しているわけではありません。その会社の文化や風土も含めて先住民と表現しています。**その会社を愛する社員の心**です。心はとてもナイーブなものですから、一度傷つけられた心を修復するのは至難の業です。理屈では正しいとわかっていても感情が邪魔をします。

個人と個人の関係でも起こりうるそうしたやっかいな状況に、自分と会社（の社員）が置かれてしまったら、仕事がしにくくなるのは明白です。

そのため、**先住民の心をしっかり掴《つか》むこと**を最優先に取り組みます。その会社にいる人たちに仲間だときちんと認められてから、本格的な人事異動や制度の変更に着手するようにするのです。

「マサさんにそう言われるなら仕方がない」「マサさんが言ってるんだからそうなんだろう」と誰もが思ってくれるようになるまで、人間関係の構築に時間を費やします。

## 転職者に求められているのは「変化」

では、そのために何をすべきかと言うと、その**「ムラの言葉を覚える」**ことです。ムラと言っても、会社だけではありません。その業界、その部署、そのグループ、大小さまざまな社会（＝ムラ）があり、それぞれ独自に使われる専門用語や独特な言い回しがあります。これをまずは積極的に覚えます。

覚えるために一番便利なのが会議です。**会議の場で既存の社員の口から出てくる耳慣れない言葉を片っ端からメモし、覚えていく**のです。会議での発言は難易度が高く、情報量も多いので、初めのうちは理解するのは大変ですが、わからなければ会議の後に同僚や先輩に聞くようにしましょう。

ここで知ったかぶりをしてもメリットはありません。むしろ、**入社してすぐだからこそ初歩的なことを聞けるチャンス**だと捉えてください。

共通言語を覚えるのと同時に、**自分の雰囲気や見た目もその会社に合わせる**ようにします。第3章でお伝えした、グッチで働き始めた時に全身をグッチの装いで固め、スキンヘッドにしたエピソードも、この一環です。グッチの人間であるとみんなに思われるために、見た目も含めて自分自身を「グッチ化」させました。

転職先の社員たちに早く認知されることは大切です。早く自分に課された役割を果たしたいと思う気持ちもわかりますし、会社から求められることもあります。でもそこで焦らないことが大切です。**信頼関係を築いて人間関係が良好になってから、やるべきことをやっていくこと**が重要です。

なお、一般的に転職組は、現状に対する何らかの変化を求められて入社します。現状維持で良いなら新しい人材はいりません。新しい風を吹き込んでほしいからこそ、会社は外部から人材を取り入れるのです。つまり、**社内改革・職場改革**です。

「改革」のポイントは、違和感を改善することです。客観的に見て、おかしいと思うことを修正していくこと。たとえば、営業の仕方が非効率だと感じたら、それを改善する方法を探り、実践していきます。

しかし、すぐに指摘するのがNGということは、前述した通りです。郷に入れば郷に従えで、しばらくは大人しく様子をうかがい、まわりとの信頼関係を築けたと感じられてから動き出しましょう。

動き出したとしても、今までのやり方をただ否定するだけではダメです。否定するのではなく、「今のやり方は承知のうえで、こうするとさらに効率が良くなると思います」と建設的に提案することを意識してください。

信頼関係を築き、今ある文化や制度にリスペクトを持って誠実に向き合えば、きっとわかってくれます。すべて、その会社を良くするためのことですから。結果的に、**「あの人が来てくれて良かったね」**と言われるように、じっくりと取り組みましょう。

## 【考え方4】澱まず焦らず90日で「クイックウィン」

じっくりと言っても、ダラダラやっていては成果が出ません。会社員として雇われたからには、結果を残さなくてはいけません。この時の目安は90日です。**90日の間に確実にできること**は何かを考え、自ら計画を立てていきましょう。

なぜ90日なのかと言うと、このくらいの短い期間では大きな目標を掲げることはできないからです。先を見据えた大きな目標を達成できない期間だからこそ、今のあなたが持つスキルや知識を使って達成できる、小さな目標を設定できるはずです。

たとえば、職場のゴミ箱がいつもパンパンだなと思えばそれをこまめに交換する役割を買って出るとか、そんな小さなことでかまいません。

そのような細かな仕事こそ、今いる社員が気づきにくいこと、後回しにしていることである可能性が高いため、痒いところに手が届く存在として重宝されるようになります。**入社してすぐのあなただからこそ確実にできる小さなこと**を積み上げていきましょう。

小さな違和感があったら、社内の人に相談しながら90日の間に着手してください。ただ、大きな違和感については90日で対策できないことも多いですし、先住民を否定することに繋がる可能性もありますから慎重に行ないましょう。

会社に長くいればいるほど、入社当初に感じた違和感は忘れてしまうものです。よくも悪くも慣れてしまい、会社の雰囲気に染まってしまいます。染まること自体は悪いことではありません。むしろ、染まってもいいと思えるような会社に入社できたことは好ましいとも言えます。

ただ、最初の違和感は忘れないようにしてほしいのです。違和感があったということは、今までいた会社や経験と何かが違ったということ。改善の検討をする余地があります。

転職の経験がある人は「**フレッシュアイで見てほしい**」と言われたことがあるのではないでしょうか？　**過去にとらわれず新鮮な視点で現状を見てほしい、違和感を発見してほしい**という意味です。

そして、慣れてきた頃にそれを思い出し、その違和感は見逃しても良いものか、見逃していたらこの会社のためにならないかどうかを考えてみてください。もし、その違和感を改善したほうが会社のためになると思えるのなら、そのために目標を掲げて尽力していきましょう。

## 【考え方5】転職先がカオスなら大チャンス

2010年に日本航空が実質倒産しました。その再生のために白羽の矢が立ったのが京セラや第二電電（現KDDI）の設立者である稲盛和夫氏です。その当時の日本航空社員には当事者意識や一体感が欠落しており、再建は不可能と言われるほどでした。

ところが、稲森氏は日本経済への影響や社員の雇用、国民の利便性の維持を目的にこの大役を引き受けました。日本航空の状況が大変カオスなのを承知のうえで、あえて火中の栗を拾いに行ったと言っても良いでしょう。

じつは、あなたが置かれている状況も稲森氏と同じです。転職先の担当者は、その**会社の足りない部分をあなたに補ってほしくて採用した**のですから。今の社内のリソースで十分なら、そもそものポジションにあなたを採用しません。当然ながら、職場がカオスな状況であるということも十分予測できます。

要するに、**最初から楽な道ではないとわかっているのだから、その状況を嘆くのはやめよう**ということです。会社の愚痴を言ったり誰かの悪口を言ったりしても状況は変わりません。

第5章でお伝えした「上司の無茶振りが自分を育てると考える」でも解説した通り、大変な仕事ほど成長機会は多くあります。そして、大変であればあるほどその状況を解決した時の見返りは大きく、あなたの評価も高くなります。その経験はあなたの職務経歴書のお品書きの1つになるわけです。だから、嘆く必要なんてありません。**それだけ大きな成功と存在感を手に入れられる大チャンス**だと思い、まずは猪突猛進《ちょとつ》の勢いで突き進んでいきましょう。

## 【考え方6】早めに地雷を踏みに行く

ここまで来れば、困難こそチャンスだということはご理解いただけたと思います。

だとすれば、そうした**困難に自ら積極的にかかわっていく姿勢が、より自分を成長させ、エンゲージメントを高め、自らのパーパスに辿り着くための最適解**だということも理解できると思います。

では、会社における最大の困難とは何でしょうか？　それはやはり人間関係です。なぜなら会社は、社員という人間の集まりで成り立っているからです。人と人の集合体が会社であるとも言えます。大体、会社のトラブルは人間関係のこじれから生まれるものでしょう。

そうしたトラブルの火種に図らずも巻き込まれることを「地雷を踏む」などと俗に言いますが、私はむしろ積極的に踏みに行くべきだと思います。その会社に積極的にかかわっていくのであれば、遅かれ早かれ人間関係のトラブルには巻き込まれます。ならば、**できるだけ早めに地雷を踏んでしまい、火種が大きくなる前に処理してしまおう**という考え方です。

具体的には、第3章でお伝えした**「めんどうくさい厄介そうな人から攻略する」**ということになります。入社してしばらくは、息を潜めて人間観察をしましょう。その中で、自分にとって一番めんどうくさそうで厄介そうな人を見つけ出します。そして、その人と仲良くなる方法を模索するのです。相性の良さそうな人とは努力しなくても仲良くなれるので、放っておいて問題ありません。まずは、苦手だと思う人、社内で厄介扱いされている人にアプローチします。

地雷を踏んでしまいそうな人を予め攻略しておけば、その人とトラブルになって仕事に支障が出ることはありませんし、「あの人とうまくやっているなんてすごい」と、まわりから一目置かれるはずです。社内の信頼を勝ち取る要因にもなります。

このように**ネガティブな要因をポジティブな要因に変換するくせをつける**ようにしましょう。

ここまでお伝えしてきた新しい場所（転職先）で成功するための6つの考え方は、どれも繊細さが要求され、かんたんにできることではありません。ただ、じっくり時間をかけて取り組めば、できないことはないと断言できます。

そして、必ずあなたのパーパス実現のための役に立ちます。そのような地道な積み重ねが、あなたの将来を左右します。

# おわりに

日本人の自己肯定感は、欧米人のそれに比べて非常に低いと言われています。これには、幼少期からの育てられ方も影響していると思います。家庭環境や親の教育方針によって、人間の自意識というのは大きく変化すると思いますが、「自分はできない」と思い込まされて育った人の自己肯定感を上げることは、そうかんたんではないでしょう。

とはいえ、私は、努力すれば少なくとも自己肯定感は自力で上げられると思っています。そもそも、「できる・できない」という考えすら思い込みです。

「私なんて今さら転職する先なんてない」と、働き盛りの40代のサラリーマンが言っているのをよく耳にしますが、「そんなはずはない！」といつも心の中でツッコミを入れています。それは、自分のことを適切に評価できていないだけです。

過去を振り返り、自分と向き合えば、あなただけの成功の秘訣《ひけつ》や、あなただけが持つ良さが必ずあるはず。年齢や職歴は関係ありません。それに早く気づいてほしいと心からそう思います。

また、人との違いを恐れて、人目を気にして生きている人も多くいます。しかし、お互い違って当たり前。多様性があるからこそ人とのかかわりは面白くなります。だから、他人との違いはむしろ尊重されるべき。皆が違うからより良い意見が出てくるし、より良い会社や職場になっていくのですから。

良好な人間関係は、お互いが歩み寄って努力すればつくれます。多様性を許容して、自分らしく生きられる環境づくりをすれば良いのです。だからこそ、もっと自分らしくわがままに生きてください。他人に自分の人生の選択肢を握らせてはいけません。上司でも、余計な口出しをしてくる家族でもなく、あなたはあなたのために生きることができます。どうかほかの誰のものでもない自分の時間を生きて、幸せを掴み取ってください。

そのためのノウハウを本書に詰め込みました。あなたがあなたらしく生きるためのパーパスを明確にして、それを実現するためにはどのように生きれば良いかをお伝えしてきました。すべて私が長年実践してきたことですから、あなたにも間違いなくできると思います。再現性はかなり高いはずです。

ただし、すべてを実践するのはなかなか骨が折れるかもしれません。もし難しければ、できるところから始めてください。たとえば、自己理解が足りていないと思えば

第2章の内容に注力してみる、人間関係に問題を抱えていれば第3章の内容から実践する、仕事に対するやる気を失っているなら第4章の内容をちょっとだけ取り入れてみる、そんな感じでかまいません。

苦労した分だけ、あなたにポジティブな影響を与えると自信を持って断言できます。自己理解が深まれば自分のことを好きになれるし、自分のありのままを受け入れられるようになります。自分の嫌なところや苦手なことが明らかになったのなら、そこを改善する努力をすれば、ますますあなたはあなたのことを好きになれるはずです。

仕事に対するエンゲージメントを高めれば、あなたは日々成長を実感できます。自己肯定感を上げるために必要なのは、小さい成功体験の積み重ねです。明確に目標を定めて、それを達成するためにコツコツ努力をし、楽しみながら日々を過ごしましょう。そうして細かい成功が積み重なることで、いつかあなたのパーパスを実現に導いてくれます。

「ああ、もうダメだ」「終わった」と嘆いていたのに、後から振り返れば大したことなかったと思うような経験はありませんか？

人生のキャリアアップをし続けるあなたは、気づかないうちに自己肯定感が上がっています。もしあなたが現状に満足していて十分に幸せだと思うなら、そのままでいいと思います。ただ、少しでも今の状態に不満を抱いていて、現状を変えたいと思っているなら少しでも歩み出してほしいのです。踏み出さなければ現状は変わりません。それは苦痛ではなく、よろこびになるはずです。

何度も言いますが、あなたの人生は誰のものでもなく、あなただけのものです。あなたがあなたらしく人生のハンドルを握って、パーパスを実現させ、楽しく幸せに生きてほしいと思います。本書を通じてそのお手伝いが少しでもできたなら、著者としてこれほど嬉しいことはありません。

2024年11月

安田雅彦

【著者プロフィール】
**安田雅彦（やすだ・まさひこ）**
株式会社 We Are The People 代表取締役／株式会社フライヤー社外取締役／ソーシャル経済メディア「NewsPicks」プロピッカー
1967年生まれ。1989年に南山大学を卒業後、西友にて人事採用・教育訓練を担当。子会社出向の後に同社を退職し、2001年よりグッチグループジャパン（現ケリングジャパン）にて人事企画・能力開発・事業部担当人事など人事部門全般を経験。2008年からはジョンソン・エンド・ジョンソンにてSenior HR Business Partnerを務め、組織人事や人事制度改訂・導入、Talent Managementのフレーム運用、M&Aなどをリードした。2013年にアストラゼネカへ転じた後に、2015年5月よりラッシュジャパンにてHead of People（人事統括責任者・人事部長）を務める。2021年7月末日をもって同社を退職し、以後は自ら起業した株式会社 We Are The People での事業に専念。現在、約30社のHRアドバイザー（人事顧問）を務める。

**自分の価値のつくりかた**

2024年12月1日　　初版発行

著　者　安田雅彦
発行者　太田　宏
発行所　フォレスト出版株式会社
〒162-0824 東京都新宿区揚場町2-18 白宝ビル7F
電話　03-5229-5750（営業）
　　　03-5229-5757（編集）
URL　http://www.forestpub.co.jp

印刷・製本　中央精版印刷株式会社

ISBN978-4-86680-301-2 Printed in Japan